GRAINES DE HÉROS

Graines de héros

LE LIVRE DE POCHE

Les auteurs de ce recueil ont offert ces textes pour soutenir l'action d'UNICEF en faveur de l'éducation des enfants dans le monde. UNICEF et Le Livre de Poche tiennent à leur exprimer toute leur gratitude pour cette initiative.
UNICEF France collecte des dons pour financer les interventions d'UNICEF sur le terrain dans plus de 150 pays et territoires dont certains sont évoqués dans ce livre. Grâce à vos dons, UNICEF peut : sauver, protéger, éduquer et réagir en urgence. Nous vous remercions de votre confiance et de votre soutien fidèle.
UNICEF ne cautionne aucune entreprise, marque, produit ou service.

www.unicef.fr

Dans le cadre de ce soutien à UNICEF, la start-up INÉDITS a donné accès à sa plateforme d'écriture collaborative, Les Arbres inédits, qui a permis aux douze auteurs de poursuivre à tour de rôle l'histoire commencée par le lauréat, et d'offrir aux lecteurs ce cadavre tout à fait exquis !

www.inedits.fr

Couverture : Studio LGF.

ISBN : 978-2-253-26229-9

Préface

PAR AGNÈS LEDIG

Chères lectrices, chers lecteurs,

Vous tenez entre les mains un recueil de textes dont le concept inédit me plaît particulièrement.

En effet, la personne qui est à l'origine de ces trois histoires – écrites à la façon des cadavres exquis par des auteurs de renom – est un jeune homme de 17 ans, Mathias Tripard, heureux gagnant du concours d'écriture 2019 des 15-20 ans pour UNICEF, dont je suis la marraine. Trois histoires qui vont partir d'un même chapitre mais que l'imagination des membres de chaque équipe va emmener dans des aventures différentes.

Mathias a su relever le défi. Car c'en était un. Il fallait répondre au thème, « Héros et héroïnes du quotidien : change le monde avec tes mots », et surtout, surtout, se contenter de n'être que le premier chapitre de l'histoire, c'est-à-dire poser les bases d'un récit tout en laissant une ouverture pour les auteurs suivants. Exercice difficile.

Pourquoi suis-je heureuse de ce concept de laisser un adolescent prendre la parole pour que des adultes la poursuivent ensuite ? Parce que « les enfants, c'est la vie », je l'écrivais dans mon tout premier roman.

Les adolescents aussi. Évidemment.

Encore enfants ? Déjà adultes ? À cet âge, on a un pied dans chaque monde. L'émerveillement et la force de l'utopie de l'enfance qui nourrissent d'espoir des projets ambitieux. La conscience et la réflexion qui mettent cette force d'action au service de causes justes et importantes.

Les textes reçus abordaient des sujets puissants, sérieux, nécessaires. La violence, l'exclusion, l'environnement, l'injustice. Ce constat est à la fois inquiétant et encourageant. Inquiétant, car le contexte dans lequel nous les accueillons n'est pas rose : des enfants sont encore maltraités, des gens dorment encore dans la rue, la planète brûle…

Encourageant, car cette nouvelle génération sait ce qu'elle veut, et surtout ce qu'elle ne veut pas.

Nous avons beaucoup aimé le texte de Mathias parce qu'il est bourré d'espoir. On y retrouve le concept de David contre Goliath. Le petit qui ne se laisse pas impressionner par le géant et qui poursuit inlassablement son œuvre car elle répond à ses convictions profondes, à l'urgence de vie qui l'anime. Un David déguisé en petit colibri et qui fait sa part, chaque jour, comme nous devrions tous le faire.

Mais je ne vous en dis pas plus, pour vous laisser découvrir l'histoire. Les histoires.

Cyril Dion, que j'admire beaucoup, nous explique dans ses ouvrages et dans ses prises de parole qu'il est important de changer le récit, pour sauver ce monde que l'homme est en train de détruire. Changer le récit, raconter la vie autrement. J'y crois très fort, et c'était l'objectif ici : changer le monde avec des mots.

Nous portons chacun la responsabilité du récit que nous élaborons pour notre entourage, pour nos enfants, pour nous-mêmes. Nous sommes tous des petits David déguisés en colibris pour faire face à la folie de ceux qui ont perdu leur âme d'enfant au profit d'intérêts financiers ou de pouvoir. Et les enfants, les adolescents que nous avons engendrés sont là pour nous bousculer, nous rappeler que nous avons été un jour, nous aussi, des enfants, des adolescents, et qu'il ne faudrait jamais perdre cette âme-là, cette sensibilité-là, car elle peut déplacer des montagnes.

Mathias le fait ici de façon remarquable, et je l'en félicite.

Bonne lecture à tous !

GRAINES DE HÉROS

1

Un combat pour l'avenir

PAR MATHIAS TRIPARD

Jorge était assis au fond du petit bateau à moteur qui le ramenait à Puerto Misahuallí. Il avait les poches pleines à craquer de graines de kapokier et de palmier. Au-dessus de sa tête, un toit de toile projetait une ombre bienvenue sur toute la longueur de l'embarcation. C'était la saison des pluies en Équateur, mais il faisait une chaleur étouffante. Il faudrait attendre le milieu de l'après-midi pour qu'une ondée salvatrice vienne soulager hommes et animaux. Dans l'intervalle, le monde était sur pause. Pas un souffle d'air ne venait agiter les branches des arbres qui se pressaient sur les rives du rio Napo. Toute la végétation semblait tendre les bras vers l'eau pour sentir un instant quelques gouttes rafraîchissantes courir le long de ses doigts feuillus. En Équateur, les saisons ne s'étalent pas sur une année, elles se côtoient toutes dans la même journée. Le matin est le domaine de l'été et celui-ci ne semblait pas vouloir finir.

Jorge déplia ses jambes pour les dégourdir un peu et posa sa tête contre le bastingage du bateau. Cette tête, disproportionnée par rapport à son corps, faisait passer l'enfant pour plus chétif encore qu'il ne l'était. On lui aurait donné huit ou neuf ans, alors qu'il en avait douze. Il arborait en permanence une tignasse indisciplinée qui empiétait sur son front et un regard clair et innocent. C'était un petit garçon rêveur. Il préférait la beauté à toute autre chose et recherchait en priorité la compagnie apaisante de la nature plutôt que celle de ses semblables. On le surprenait souvent le regard perdu dans le ciel ou dans le scintillement du firmament étoilé. Les pensées de Jorge étaient promptes à s'envoler vers des hauteurs stratosphériques. C'est d'ailleurs ce qu'elles faisaient à l'instant même, accompagnées par les cris stridents des perroquets et des singes qui se cachaient dans l'entrelacs impénétrable que formaient les troncs, les lianes et les branches des arbres en bordure de la rivière.

Arrivé à destination, Jorge se dirigea tout de suite vers le chantier forestier, situé à une quinzaine de minutes de marche du village. C'était non loin de ce chantier qu'il plantait chaque jour une graine, dont il faisait les provisions dans la jungle. Il avait pris cette décision voilà un peu plus d'un mois et n'y avait pas dérogé depuis. En marchant, le garçon se remémora les circonstances douloureuses qui avaient précédé son choix.

Deux mois plus tôt, une compagnie forestière américaine avait reçu l'aval du gouvernement équatorien pour exploiter l'or vert amazonien et s'était installée dans la région. À l'annonce du projet, des contestations avaient émergé, mais cela n'avait pas empêché la Woodsaw Company de faire venir ses bulldozers et de commencer le travail. La population était bien au fait des problèmes climatiques et voyait d'un mauvais œil qu'on entame un peu plus un des poumons de la Terre. Pour appuyer le mouvement de protestation, le journal régional titra même en première page : « De l'économie ou de la folie des hommes ». Mais ni cette une ni le billet qui la suivit ne firent changer d'avis les pontes du gouvernement.

Jorge était tombé un jour, au hasard d'une marche, sur le chantier récemment établi. Il était monté sur un talus et avait contemplé la scène qui s'offrait à ses yeux. Une large portion de forêt avait déjà été mise à bas. À l'orée du bois, les ouvriers s'activaient, entaillant les troncs, conduisant les monstres d'acier qui enfonçaient sans relâche leurs dents de métal dans l'écorce gorgée de sève des arbres. Le vert pimpant de la végétation laissait peu à peu place à un sol brun, lacéré, parsemé de trous laissés vacants par les souches arrachées. Jorge avait d'abord été choqué par ce spectacle. Sa réaction instinctive avait été de se réfugier en lui-même, pour ne pas voir cette nature qu'il aimait tant se faire décimer. Puis, trois semaines plus tard, il était de nouveau passé à proximité du chantier en rentrant de l'école. C'est après avoir constaté qu'il ne voyait plus les ouvriers, tellement ils s'étaient enfoncés loin dans la forêt, qu'il avait décidé d'agir. Il avait pris la résolution de planter un arbre par jour près de l'endroit même où ils se faisaient abattre, pour symboliser une renaissance et un refus des ravages que causait l'industrie humaine. Son action revenait à verser une goutte d'eau dans le désert pour combattre la sécheresse. Elle avait cependant quelque chose d'héroïque, qui venait peut-être du fait qu'elle était réalisée par un enfant de douze ans ou qu'il était le seul à agir. Son combat tenait de celui de David contre Goliath.

Jorge parvint bientôt à l'endroit où il plantait ses arbres. Aujourd'hui, ce serait une graine de kapokier qui rejoindrait la terre. Quand il partait en forêt, il se mettait toujours en quête de cet arbre. Dès qu'il en trouvait un, il se munissait d'une grosse branche ramassée sur le sol et tapait de toutes ses forces contre les larges contreforts qui soutenaient le kapokier. Le son creux qui en sortait portait loin et pouvait transmettre des messages en fonction du rythme qu'on lui imprimait. C'est ainsi que les aborigènes communiquaient en forêt il y a de cela bien longtemps. Le garçon, maintenant habitué à sa tâche, planta rapidement la graine. Puis il partit vagabonder dans les environs, seul avec ses pensées.

*

Le timbre libérateur de la cloche annonçant la fin des cours retentit et un flot d'élèves surexcités se déversa presque aussitôt par les portes de l'école. Ils s'égaillèrent dans toutes les directions, pressés de profiter de ce qui restait de leur journée avant que l'orage de l'après-midi ne les oblige à s'abriter. Jorge tourna à droite après le portail de l'école et prit le chemin qui le ramènerait chez lui.

D'habitude, avec la majorité de ses camarades, il gagnait la rivière Misahuallí. Un pont l'enjambait à quelque quinze mètres de hauteur. Les filles profitaient de l'ombre sur la berge et regardaient les garçons sauter dans l'eau depuis le pont, applaudissant les plus téméraires. C'était un moyen comme un autre de fuir la chaleur accablante de cette période de l'année. Désormais, plus personne n'avait le droit de sauter du pont. La semaine précédente, un garçon s'y était essayé et s'était gravement blessé. L'eau était trop peu profonde, même en pleine saison des pluies.

Jorge passa par le village pour rejoindre sa maison. Une odeur de pluie flottait dans l'air. Il était à peine seize heures, mais il faisait presque aussi noir qu'en pleine nuit. L'air était pesant, lourd, chargé d'humidité. Les rues étaient presque désertes. Le fond de l'air effraie, songea le garçon. Les vendeurs derrière leurs étals observaient anxieusement les nuages sombres qui s'amoncelaient dans le ciel. Jorge s'arrêta devant un comptoir pour s'acheter une mangue bien fraîche. Devant lui s'étalaient aussi bananes, papayes, pitayas et quelques orchidées singes, surnommées ainsi à cause de leur ressemblance avec des visages simiesques. Le garçon paya, puis reprit son chemin en dégustant la chair juteuse de sa mangue. Quelques gouttes commencèrent à tomber. Il accéléra l'allure et arriva bientôt en vue de la charmille verdoyante qui ouvrait sur sa maison.

Jorge habitait seul avec son père depuis la mort de sa mère. Il était encore très jeune quand elle était décédée et gardait peu de souvenirs d'elle. Une photo la représentant était posée près de son lit pour qu'il n'oublie pas son visage. Jorge et sa mère partageaient la même couleur d'yeux, un bleu céruléen intense qu'on croyait impossible jusqu'à ce qu'on l'ait devant soi. Son père disait souvent, à la blague, que leurs yeux avaient pris la couleur du ciel à force de le contempler. Depuis la mort de sa femme, Ambrosio faisait vivre son foyer avec les maigres profits que lui procurait sa pêche. Il compensait le peu d'argent qu'il rapportait à la maison par une bonhomie dont lui seul avait le secret et un perpétuel sourire au coin des lèvres. Si on l'avait connu dans sa jeunesse, toutefois, on pouvait voir que dans son regard quelque chose s'était éteint, ce quelque chose qui l'avait poussé à parcourir la moitié du pays en une nuit, autrefois, pour rejoindre celle qui deviendrait la mère de son fils.

En pénétrant dans la cuisine, qui faisait aussi office de salle à manger, Jorge comprit tout de suite que quelque chose n'allait pas. Ambrosio était penché sur la table, la tête dans les mains, fixant la lettre posée devant lui. Il entendit approcher son fils et, sans un mot, lui remit le document. Le garçon, en voyant l'expression de son père, eut soudain peur de savoir ce que disait la lettre. Il se força cependant à reporter son regard dessus et en lut le début.

Avis d'expropriation

Le gouvernement vous informe que vous devez avoir quitté votre propriété d'ici le 12 avril. Le site de Puerto Misahuallí se trouve à l'intérieur de la nouvelle zone d'exploitation accordée à la Woodsaw Company par le gouvernement le 8 avril dernier et sera rasé par la compagnie dans le but de faciliter sa gestion des ressources forestières.

Jorge laissa tomber la lettre par terre et regarda son père. Il était toujours prostré au-dessus de la table et ne dit pas un mot. Le petit garçon sentait que le monde s'écroulait autour de lui. Dehors, un roulement de tonnerre retentit et la pluie s'abattit d'un coup sur le désespoir des habitants de Puerto Misahuallí.

*

12 avril, au matin.

Jorge et son père quittèrent leur maison sans un regard en arrière.

Ils portaient chacun un sac renfermant le strict nécessaire. Le garçon avait en plus dans ses poches les graines qu'il avait ramassées dans la jungle, plus décidé que jamais à accomplir la mission qu'il s'était fixée. Dans la pâle clarté de l'aube, père et fils furent jetés sur les routes.

Une belle journée s'annonçait. Ils allaient voir du pays.

- Si vous voulez savoir ce qu'est devenu Jorge trente ans plus tard, allez à la page 23 : Le petit planteur de kapokiers.
- Si vous voulez partir à l'aventure avec Jorge, allez à la page 63 : Les ailes du condor.
- Si vous voulez savoir ce que le rio Napo réserve à Jorge, allez à la page 101 : La colère du rio Napo.

LE PETIT PLANTEUR DE KAPOKIERS

par
Julien Sandrel
Laure Manel
Gavin's Clemente-Ruiz
Sophie Tal Men

2

Trente ans plus tard

PAR JULIEN SANDREL

Jorge, trente ans plus tard

Le bateau tangue, imperceptiblement. Depuis quelques minutes, une légère nausée s'est insinuée en moi. J'accuse le roulis, mais je sais bien qu'il n'est pas responsable. Ce trouble logé au fond de ma gorge, je le dois aux réminiscences charriées par la terre d'Équateur.

La dernière fois que j'ai effectué ce trajet, c'était en sens inverse.

J'avais douze ans.

Je pensais mes souvenirs flous, ils sont d'une netteté vertigineuse. Je retrouve, intacts, les sons de la forêt tropicale, la moiteur étouffante, l'étau de lianes et de branches basses, le parfum dense et sauvage des rives du rio Napo. Tout ici me ramène à mon enfance. Mélange inextricable de joies et de douleurs.

Je savais que ce périple serait bouleversant – je pensais *triste*, étant donné le contexte. Mais je ne l'avais pas envisagé aussi beau. C'est doux et violent à la fois, ce qui bouillonne à l'intérieur de mon corps.

*

L'enterrement de mon père a eu lieu il y a quatre jours.

Il est mort d'une crise cardiaque, seul dans son petit appartement de la banlieue de Quito, là où la Woodsaw Company avait « temporairement » relogé tous les expulsés. Le « temporaire » a duré trente ans. Avant de jeter sur les routes des centaines de personnes, l'entreprise avait pris soin de construire des barres d'immeubles à proximité de ses usines de transformation du bois. Des verrues disgracieuses, mais équipées de tout le confort moderne. Les dirigeants de la Woodsaw s'étaient sûrement dit qu'avec un emploi d'ouvrier, une gazinière et un lave-linge, la pilule de l'exil serait plus vite avalée. Ils avaient raison.

Nous avons emménagé le 25 avril 1989, treize jours seulement après notre expulsion. Avant cela, la vie de mon père, c'était la forêt, les levers de soleil sur la rivière, la fraîcheur de l'eau sur sa peau. Ensuite, il n'y a plus eu que le béton, le dos meurtri, et la sciure de l'usine sur ses vêtements, dans ses cheveux, ses narines, ses bronches, partout.

Les rendez-vous avec mes professeurs étaient les seuls moments de l'année – avec Noël et mon anniversaire – à l'occasion desquels je voyais le visage de mon père s'éclairer. J'ai très vite pris conscience que ma seule issue, c'était l'école. Lorsqu'un autre obtenait une meilleure note, je redoublais d'efforts. Je devais être le premier, coûte que coûte. Je n'avais pas le choix.

Mes options d'avenir se résumaient ainsi : réussir et partir, ou bien échouer et rester. Je crois que mon père ne m'aurait pas pardonné, si j'étais resté.

Il espérait mieux, pour moi. Sa plus grande fierté, c'était d'être parvenu à m'éloigner d'ici. C'est paradoxal, bien sûr. Toute ma vie, j'ai vu mon père masquer son émotion de me laisser partir, tout en m'exhortant à mettre les voiles. Toute ma vie, j'ai fait comme si je ne percevais rien de ses tourments. J'ai ravalé mes larmes, me suis efforcé de briller.

À dix-huit ans, j'ai décroché une bourse d'excellence, et un aller simple pour l'Europe. Direction la France. Un diplôme d'ingénieur agronome et un troisième cycle d'école de commerce plus tard, je me suis lancé dans un parcours entrepreneurial. J'ai créé ma propre entreprise, il y a plus de quinze ans. Certains de mes collègues de promo prétendaient « partir de rien », mais ce n'était pas vrai : leur « rien » était constitué de quelques dizaines de milliers d'euros assortis du carnet d'adresses de leurs parents. Moi, j'avais mon éducation, mes idées, et une soif féroce d'y arriver.

Ça n'a pas été facile, loin de là. Mon projet était jugé fantaisiste, en ce début des années 2000. Avec le recul, mes détracteurs doivent maintenant préférer le terme de « pionnier », me concernant. Je ne dis pas ça pour me lancer des fleurs, j'ai appris l'humilité dès le plus jeune âge. Mais j'ai également appris à ne pas minimiser mes succès.

J'ai proposé tellement de fois à mon père de me rejoindre en France... Sa réponse était toujours la même, implacable :

— Ma vie est ici, mon Jorge. Sur la terre de mes ancêtres.

— Tu te trompes, papa. Ta vie n'est pas ici, elle est avec ton cœur, quelque part dans la forêt amazonienne. Mais Puerto Misahuallí n'existe plus. Alors, ici ou ailleurs, quelle différence ?

— Je n'ai plus de racines, mais je sais encore où j'ai envie de déployer mes vieilles branches. Ne t'occupe pas de moi, je suis très bien comme ça. Vis ce que tu dois vivre, ne te retourne pas... mon petit planteur de kapokiers.

C'est comme ça qu'il me surnommait. Lorsque les gens lui demandaient quel était mon métier, il répondait invariablement, gonflant la poitrine :

— Mon fils ? Il poursuit son rêve. Il plante des kapokiers.

J'ai toujours aimé sa vision poétique de mon activité.

Rien n'est plus fort qu'un rêve d'enfant : sa puissance balaie les obstacles, entraîne les bonnes volontés, et devient parfois, avec un peu de chance et beaucoup de travail, une réalité.

Depuis quinze ans, je plante des arbres à travers le monde – très peu de kapokiers, mais je n'ai jamais détrompé mon père, sa version est tellement belle. Aujourd'hui, pour simplifier, on dit que je fais de la « compensation carbone ». Mais c'est bien plus que ça. Je travaille au quotidien avec des communautés agricoles et, ensemble, nous plantons des espèces qui leur sont utiles. Il ne s'agit pas d'introduire un platane au beau milieu d'un champ de cacaoyers, cela n'aurait aucun sens – à part celui de *greenwashing*. Mon métier, c'est d'aider des entreprises à restaurer les écosystèmes dont elles dépendent, tout en permettant aux communautés locales d'améliorer leurs conditions de vie, grâce à des projets d'agroforesterie. Tout ça paraît un brin ronflant sur le papier, mais ce qui transcende mon quotidien, c'est le concret, l'impact humain. Agir localement pour améliorer la vie de centaines de familles et voir régénérés des pans entiers de forêts décimées, voilà mes grands bonheurs.

Aujourd'hui, on ne peut pas dire que je sois riche, mais je vis confortablement. J'ai voulu rendre à mon père une partie de ce qu'il m'avait offert. Puisqu'il refusait de s'installer en France, j'ai proposé de lui acheter un logement à proximité de notre ancien chez-nous, au plus près de la forêt. Il n'a rien voulu savoir. Une vraie tête de mule, comme son fils.

Je ne lui ai pas assez dit à quel point j'étais fier de lui, à quel point sa force résonnait en moi. J'aimerais pouvoir lui exprimer ma gratitude, de nouveau. Le serrer dans mes bras.

À la place, je serre dans ma main sa lettre absurde. Cette lettre qui m'a conduit jusqu'ici, en plein cœur de la forêt amazonienne.

La missive était posée, bien en évidence, sur son austère buffet en formica. Encre violette sur papier jaune pâle, écriture épaisse, malhabile : l'ensemble sautait aux yeux, impossible de passer à côté.

Depuis combien de temps m'attendait-elle là ? Je ne le saurai jamais. Mais ce qui est certain, c'est que mon père a fait en sorte que je la trouve.

*

Le bateau accoste, et je me sens déjà mieux : j'ai toujours préféré la terre à l'eau. Le débarcadère flambant neuf n'a plus rien à voir avec le ponton branlant d'autrefois. Ici aussi, le béton a fait son apparition. Le village a cédé la place à une petite ville, construite cinq kilomètres plus au sud.

Je pourrais essayer de trouver quelqu'un pour m'emmener là-bas, sur les traces de mon enfance. Ce serait plus prudent, plus pratique, plus rapide. Mais j'ai besoin d'y aller seul. De marcher. De sentir la puissance de la nature de mon pays pénétrer mes os.

Quatre, trois, deux kilomètres.

Je me rends compte que cette histoire de puissance qui pénètre les os, c'était une vision assez romantique de l'affaire… Dans la vraie vie, je suis en sueur, essoufflé, au bord du coup de chaud, et ma peau est constellée de piqûres de moustiques.

Un kilomètre.

À mesure que j'approche, je sens monter en moi une certaine inquiétude. Une grande excitation, aussi. Mes pieds brûlent, j'accélère le pas.

Cinq cents mètres.

Je pensais avoir du mal à retrouver le chemin, mais la rivière est un repère immuable. Voilà un élément dont la Woodsaw n'a pas pu s'emparer.

Cent mètres.

Je les aperçois, et mon cœur s'emballe.

Je ne les ai jamais vus, mais je les reconnais tout de suite.

Trente mètres.

L'émotion me paralyse. Le sang bourdonne dans mes tempes.

C'est incroyable, tout ce qui remonte en moi au moment où je découvre cette poignée d'arbres. Ma poignée d'arbres. La première. La fondatrice.

Je l'espérais, mais je n'osais y croire. Et pourtant.

Devant moi se dressent douze kapokiers, immenses. Une présence incongrue, un unique bosquet modeste et majestueux, trônant au milieu d'une clairière d'herbes folles.

Je m'assieds en tailleur sur la terre humide, lève les yeux et les contemple longuement. Je pourrais rester des heures ainsi, mais la nuit va bientôt tomber. Je dois me hâter.

Je tire de ma poche la petite boîte d'allumettes dans laquelle j'ai conservé, tels de précieux talismans, les quelques graines rescapées de ce lointain jour de fuite. Seront-elles encore capables de germer, après toutes ces années ? Rien n'est moins sûr, mais cela vaut le coup d'essayer.

Je passe une vingtaine de minutes à gratter la terre. J'ai l'impression saugrenue de réunir les membres d'une famille, trop longtemps séparés.

Dans sa lettre, mon père m'incitait à revenir ici, à semer ces dernières graines, si symboliques. Il parlait de libérer quelque chose en moi, et je crois qu'il était dans le vrai : ce simple geste m'a fait un bien fou.

Il est temps pour moi de passer à l'étape suivante.

La lettre de mon père est une étrange succession de consignes. Un parcours comprenant plusieurs étapes, mais dont j'ignore la destination. Vers quoi m'emmène-t-il ? Tout cela est mystérieux. Déroutant. Mais c'est un tel cadeau, cet ultime bout de chemin en sa compagnie.

Je déplie la lettre. Mes yeux se voilent.

Je prends une grande inspiration, et replonge dans ses mots.

Ses derniers mots pour moi.

« Jorge, mi amor,

… »

3

Le début d'un voyage... initiatique ?

PAR LAURE MANEL

« *… Mon petit planteur de kapokiers…*

Si tu tiens cette lettre entre tes mains, c'est que je suis parti dans l'autre monde. Fiorella m'y attend, je le sais. Cela fait si longtemps…

Surtout, ne sois pas triste. Je te sais fort et plein de vie.

Je suis tellement fier de toi, de tout ce que tu as accompli. Tu le sais déjà, puisque je te l'ai souvent dit. Pourtant, il y a tant de choses que tu ignores… que je n'ai pas su ou pas osé te dire (je n'ai jamais été très doué avec les mots), mais qui font ce que je suis, donc ce que tu es, aussi… À présent que ton avenir semble tout tracé, je te propose de partir à la recherche de mon passé, de tes vraies racines. Tu y trouveras peut-être encore à t'accomplir.

Je connais les faiblesses de mon cœur, je ne voudrais pas qu'il me lâche avant que tu saches. D'où cette lettre… au cas où je n'aurais pas l'occasion de te revoir.

Promets-moi de faire ce qui suit, dans l'ordre chronologique :

– Rends-toi à ta plantation, près de notre village. Tu y mettras en terre tes dernières graines de kapokier. Ce geste te libérera, tu verras… »

À force de la relire, je finis par la connaître par cœur… Mon père m'invitait à un drôle de périple, qui ressemblait fort à un caprice post mortem. Même si je trouve toujours ce jeu de piste incongru, même si je ne compte pas rester très longtemps sur le sol équatorien, mon père a piqué ma curiosité. Et, au fond de moi, une sorte d'évidence a émergé : je lui devais bien cela.

*

Je n'avais eu en tête que ma première mission. Je m'étais retrouvé entouré par la nuit après mon œuvre accomplie. Assis par terre, au milieu de mes kapokiers, j'ai décidé de rester là pour y passer quelques heures que j'espérais magiques. Je me suis adossé à un tronc, je me suis enfin désaltéré. Puis j'ai dégusté une mangue (tellement plus délicieuse que celles qu'on trouve en France) en regardant le ciel avec, entre lui et moi, les branches noires, aux feuilles palmées tout aussi noires qui se balançaient souplement dans une brise légère et chaude.

Ce matin, le réveil me laisse songeur. Ai-je vraiment dormi ? Avec les émotions, les cris des singes et des oiseaux, je n'en suis même pas sûr. Mais je me suis senti bercé par les éléments, dans une torpeur douce et humide, bienheureuse. Je crois que le sourire ne m'a pas quitté. J'éprouve une sérénité étonnante, bien que j'ignore tout de ce que je m'apprête à découvrir… Est-ce que je saurai enfin d'où vient mon père et pourquoi, un jour, il est arrivé ici ?

*

La deuxième mission confiée par mon père consiste à retrouver Cristina, la sœur de ma mère… Elle habite non loin d'ici, à Puerto Napo. Il me suffit de suivre la rivière, de près ou de loin, en direction de l'amont.

J'entame ma marche d'un bon pas, ragaillardi par ce retour aux sources bienfaisant. Je me retourne souvent. Mes fiers kapokiers, dans mon dos, attirent mes regards à de nombreuses reprises. Je m'arrête souvent pour les admirer encore, jusqu'à ce qu'ils quittent complètement et à regret mon champ de vision. Je les emporte avec moi : je les ai pris en photo, et je les montrerai à mes fils, à mon retour.

« Elle te donnera un objet ayant appartenu à ta mère », avait écrit mon père. Tout en admirant la beauté sauvage du Napo, je m'interroge sur la nature de cet objet et sur ce que je pourrai apprendre de ma tante dont j'ignore presque tout, hormis qu'elle était fâchée avec ma mère.

Après de longues heures de marche, j'arrive enfin. Il a plu, je suis trempé. Cristina m'accueille avec plus de chaleur que dans mes scénarios. Elle a tout d'une indigène. Je ne l'ai vue qu'une seule fois… à la mort de ma mère. Je le sais bien plus que je ne m'en souviens. D'autant que les années ont strié son visage de rides profondes. Je pense à ma mère, alors. Quelle vieille femme serait-elle devenue ? La même, avec les yeux bleus ? Cristina regarde les miens avec intensité… J'imagine qu'elle revoit un peu ceux de sa sœur.

Nous dînons de *fritadas*, plat de porc grillé accompagné de maïs et de bananes. Je lui apprends la mort de mon père, et évoque vaguement la mission dont il m'a chargé. Elle me dit qu'elle a gardé un collier de ma mère. Fiorella le lui avait rendu, comme un acte symbolique marquant la fin de leur sororité. Elle se lève, quitte la pièce et revient rapidement avec le bijou, qu'elle me passe autour du cou, ce qui provoque chez moi un frisson instantané.

— C'est moi qui le lui avais fait, pour son mariage, dit-elle.

Depuis son enfance, ou presque, Cristina fabrique des bijoux en *tagua*, cet ivoire végétal issu de palmiers locaux, une activité artisanale plutôt répandue dans la région. Puisque je la sens peu encline aux confidences, je laisse la discussion glisser vers des sujets extrafamiliaux. Cristina me parle de la déforestation qui gangrène toujours le pays, des ressources pétrolières qui attisent les conflits et ont provoqué une catastrophe écologique autant que sanitaire : les cancers se multiplient ces dernières années, et comment en accuser le hasard, quand on sait le niveau de toxicité des eaux polluées ? Trente ans après mon départ, la région, à l'évidence, ne se porte pas mieux, et je sens ma sérénité du matin me quitter.

Demain, je partirai tôt… certainement sans en avoir appris plus sur les raisons de la brouille entre les deux sœurs. Surtout, je ne peux m'empêcher de me demander ce que Cristina a su du passé de mon père. Mais je n'arrive pas à l'interroger.

Il y a trop de distance entre cette femme et moi.

*

Je quitte Cristina au petit matin, avec le collier en ivoire végétal de ma mère autour du cou. Mes doigts le touchent d'instinct, régulièrement… J'ai un peu de ma mère avec moi.

La suite de mon périple me laisse songeur. Mon père espérait me faire quitter l'Oriente pour gagner la Sierra, et ainsi passer de la plaine équatoriale aux sommets andins. Tout cela pour quoi ? Il s'est mis dans la tête que je devais rencontrer un chaman. Visiblement pas n'importe lequel, puisqu'il m'indique plusieurs étapes : de Riobamba je dois gagner Alausi (par l'un des fameux trains des Andes), d'où je partirai à pied pour me rendre dans les alpages, à la recherche de la cahute du *yachac* en question… Je n'ai personnellement jamais consulté de chaman. J'ai l'esprit sans doute trop cartésien, bien plus que mon père… est-ce dû à mes études ? à ma vie en Europe ? Peu importe. Si étrange que cela puisse paraître, je me plierai aux idées farfelues de mon père. Il y a forcément une raison, un sens à tout cela.

*

« *Habille-toi chaudement* », m'avait-il averti dans sa lettre. Je ne saurai que trop le remercier pour ce conseil. L'air est vif, là-haut. Je me suis acheté, à Alausi, une veste traditionnelle en laine d'alpaga, pour mieux affronter la température qui contraste avec l'humide moiteur de mon Puerto Misahuallí.

Mes pieds me portent à peine, tant je me sens fourbu, après plusieurs jours de voyage, entre marche, bus et train. Moi qui suis sujet au vertige, je n'ai guère goûté le plaisir de la balade sur rails au bord des ravins. Nos montées et descentes en zigzag, dans le sens avant et arrière m'ont même donné la nausée. Merci, papa…

Je chemine en fils obéissant sur le sentier qui mène vers le site archéologique inca d'Ingapirca. Je ne devrais plus tarder à apercevoir la cahute du *yachac*. Je me demande encore pourquoi ici, pourquoi lui…

J'arrive enfin à cette troisième étape de mon parcours et je pressens déjà que celle-ci sera importante. « *Laisse-toi porter par cette expérience* », m'a enjoint mon père. Je me rappelle cette phrase au moment où je franchis le seuil de la cahute. Je découvre alors, avec un étonnement plus horrifié qu'amusé, une décoration très… particulière. Alors que le chaman m'interpelle en langue kichwa, mes yeux fixent les peaux de paresseux tendues aux murs, les multiples pots aux contenus vaguement inquiétants. Le chaman est autant un guérisseur qu'une sorte de voyant, un intermédiaire entre le monde des hommes et le monde des esprits. Pourquoi mon père voulait-il que je vienne consulter celui-ci, en particulier ? Le connaissait-il ? En avait-il entendu parler ? Ce *yachac* est en tout cas conforme à l'idée qu'on peut s'en faire : vieux, édenté, le regard mystique. Il m'invite à m'asseoir et me demande, dans ma propre langue, pourquoi je viens le voir. Ma réponse est confuse, ne le sachant pas vraiment moi-même. Peu lui importe, semble-t-il. Le voici déjà qui m'attrape la main et me prend le pouls.

— Je ne suis pas malade, me permets-je de lui dire.

En vain. Il quitte la pièce, me laissant quelques secondes en proie à une expectative ponctuée par les battements de mon cœur légèrement affolé.

Heureusement, il revient vite. Mon – relatif – soulagement prend fin lorsque je découvre qu'il tient dans ses bras un énorme cochon d'Inde noir. « Oh, non... je supplie intérieurement, pas le cochon d'Inde… » J'avais déjà entendu parler de ce rituel – pour le moins insolite – de radiographie par cochon d'Inde. Je ne pensais pas en être victime un jour.

— Je ne suis pas malade, répété-je alors, comme pour le faire renoncer.

Mais non, il persiste : il passe, plusieurs fois, l'animal (par bonheur plutôt docile) juste au-dessus de ma tête, puis tout le long de mon corps, de mes bras, de mes jambes… à la recherche de maux dont je pourrais souffrir. En trouve-t-il ? Le cobaye est remisé là où il est allé le chercher.

Le chaman s'assoit alors en tailleur devant moi. Il allume deux bougies, pioche dans une panière quelques feuilles de coca qu'il place dans sa bouche et commence à mâcher, sous mes yeux abasourdis. Je repense à mon père… « Expérience »… Le mot me semble faible.

Le *yachac* ferme les paupières et place ensuite ses mains devant moi, pour entamer des incantations à la déesse Pachamama.

Quelque chose me dit que ce n'est que le début de ses rituels magiques… et de mes découvertes.

4

Le cercle de Pilaloma

PAR GAVIN'S CLEMENTE-RUIZ

Il me fixe, l'œil révulsé, la bouche anesthésiée, les mains tremblantes au-dessus des miennes. Le chaman entre en transe. Une chaleur diffuse se propage de son corps jusqu'au mien, pareille à l'effet d'une nappe de roches volcaniques en fusion. Je suis saisi, incapable de bouger, pétrifié par sa chaleur. Il ferme de nouveau les yeux. Une seconde, peut-être deux. J'ai l'impression que l'instant dure une éternité.

— Fiorella… dit-il tout bas. Viens !

Sa voix gronde maintenant dans toute la cahute. Des borborygmes lents, saccadés, presque ténébreux. Les feuilles de palétuvier au plafond frémissent sous le coup de son incantation. Je suis bel et bien paralysé. Mon esprit tente de remuer mes membres. En vain. Que se passe-t-il ? Mon esprit aperçoit mon enveloppe corporelle figée. Comment cet homme parvient-il à m'extraire de moi-même ? Grâce à ses mains ? Le *yachac* rouvre les yeux.

— Elle est là. À travers toi. Au fond de toi. Elle te possède.

Je n'ose pas relever, ne comprenant rien à ses mots. Mes membres se détendent un à un. Je retrouve l'usage de mon corps, presque soulagé, encore endolori, mais la tête en vrac. Une fatigue énorme appuie sur mes épaules. Je tâche de me concentrer. Le chaman est déjà debout, dans l'embrasure de la cahute.

— Il faut absolument revoir Pilaloma.

Chacune de ses syllabes vient se fracasser à l'intérieur de mon crâne. Qui est-ce ? De quoi parle-t-il ? Je tente tant bien que mal de me lever, d'abord à quatre pattes, puis le long du chambranle, je me hisse, non sans peine.

— Ta mère ne t'a jamais parlé de moi ?

— Elle n'a pas eu le temps. Elle est morte quand j'étais enfant.

— Ça, je le sais. Mais dans tes rêves, elle ne t'a jamais rien dit ?

Comment ma mère pourrait-elle me parler dans mon sommeil ? Cet homme m'intrigue de plus en plus. Il me regarde et enchaîne sans attendre de réponse.

— Pardonne-moi de t'avoir mis dans cet état. Je devais vérifier avant.

Vérifier quoi ? Mais déjà le *yachac* m'invite à lui emboîter le pas. J'essaie de suivre son rythme au cœur du site archéologique. Il marche vite.

— Je te confirme que tu es bien le fils de Fiorella.

Nous passons le temple de l'adoration de la Lune au pas de charge, puis l'Acllahuasi pour enfin atteindre un cercle de galets ronds surmonté d'un monolithe appelé Pilaloma. Le chaman m'explique qu'il s'agit de l'emplacement d'une tombe où furent mis au jour les ossements de onze femmes dont une prêtresse, toutes en position fœtale.

— Cette position équivaut à celle de la réincarnation, me précise mon guide très particulier.

La nuit tombe sur le site. Je devine des ombres parmi les pierres incas et cañaries éclairées, à moins que ce ne soit les derniers touristes venus admirer ce joyau archéologique à la lueur des projecteurs. Je reprends des forces. Je me sens presque privilégié.

— Ta mère était une réincarnation de la prêtresse enterrée et découverte ici. Elle reçut la confirmation de sa filiation, d'abord en rêve, puis ici, parmi nous. Ta mère avait le pouvoir de communiquer par les songes. D'ailleurs, elle nous parle encore.

Les mots du chaman m'estomaquent. Après le choc de l'incantation, la révélation du passé de ma mère m'émeut au plus haut point. Et savoir qu'elle peut encore s'exprimer me gonfle le cœur d'espoir ! J'aimerais tant la serrer contre moi ! Même dans mes rêves ! Je sens mes jambes à nouveau trembler. Le chaman me tend une feuille de coca.

— Prends ça. L'émotion, l'altitude, la chaleur. Cela t'aidera. Tu ressembles beaucoup à ton père aussi. À la seule différence qu'il s'était vraiment évanoui quand il a appris la vérité.

Je commence à mâcher et retrouve un peu de vigueur quelques minutes après. J'essaie surtout de mettre en ordre les différentes informations reçues. Ma mère, une réincarnation d'une prêtresse inca. Et mon père qui était au courant…

— Vous connaissiez donc mon père ?

— Ton père ? Bien sûr ! Il est même venu ici une nuit ! Il était en transe. Il cherchait ta mère partout. Elle l'avait abandonné dans la forêt, avec toi dans les bras, répétait-il alors, complètement perdu.

Je mâche frénétiquement la feuille de coca. Pourquoi mon père ne m'avait-il pas expliqué tout cela ? Je savais qu'il était venu, mais en ignorais la véritable raison. Et Cristina, était-elle au courant de quelque chose ? Les secrets autour de ma mère, au milieu de ce site archéologique inca, m'accablent autant qu'ils me donnent de raisons d'espérer.

— Il faut que vous m'expliquiez maintenant. Je ne comprends plus rien. Et ce n'est plus le soroche, je vous assure.

Ma voix est déterminée. Nous avons quitté le cercle de pierres et déambulons maintenant à travers le site. Le chaman s'arrête à ma hauteur. Il scrute le fond de mes yeux. Ma pupille n'est pas dilatée. Bientôt il s'assoit près d'une de ces tours de pierre. Je remarque qu'elles tiennent miraculeusement, sans aucune jointure, la marque de fabrique inca. Je l'imite. Il m'attrape les mains. À nouveau je ressens la chaleur de son magnétisme.

— Veux-tu vraiment que je t'explique tout ? Que je te révèle le secret de ta mère ? Et le tien ?

Mes yeux écarquillés semblent lui suffire comme réponse.

— Ta mère a découvert très tôt qu'elle était la réincarnation d'une prêtresse inca. Celle de la tombe de Pilaloma. Au cours d'une visite nocturne. Dans ses rêves. Confirmée quand elle a senti dans la forêt près de chez vous, à Puerto Misahuallí, qu'elle pouvait communiquer avec les arbres. Qu'elle était habitée par une puissance souterraine bien plus profonde que le rio Napo. Elle percevait la vigueur de la mère nourricière. Elle était une de ses émissaires sur notre terre. Sa mission était simple : elle se devait de protéger coûte que coûte le fruit de ses entrailles. Pour ce faire, sa force ne devait souffrir aucune interférence. Fiorella était appelée. Elle avait pour mission de respecter à la lettre chacun de ses engagements. Elle s'y est tenue pendant de nombreuses années. Jusqu'à ce que…

Je reste suspendu aux lèvres du *yachac*, totalement ahuri par ses révélations.

— Pourquoi n'en ai-je jamais entendu parler ?

— Interroge-toi plutôt : faut-il toujours tout dire ? Peut-on surtout tout expliquer ?

Les mots du chaman remettent en question toutes mes convictions. J'ai le sentiment d'avoir vécu à côté d'inconnus, mon père, ma mère, qu'ils m'ont caché pendant tout ce temps l'essentiel. Qui étais-je vraiment à leurs yeux ? Un étranger ? L'un des leurs ? Je me sens exclu, presque rejeté.

— N'en veux pas aux tiens.

Le chaman lit en moi.

— Regarde. Tu es là. Tu as trouvé le chemin. Ton père nous a menés l'un vers l'autre. N'est-ce pas une preuve de son amour ?

Je ne peux qu'acquiescer.

— Dites-moi, pourquoi mon père est-il venu ici une nuit ?

— Ta mère vivait paisiblement en communion avec la nature. Avec la forêt. Notre mère à tous. Elle s'accouplait chaque jour avec elle. Puis, un jour, son chemin a croisé celui d'Ambrosio, ton père. Il est tombé immédiatement amoureux d'elle. Tout simplement. Il faut dire que ta mère était splendide. Une déesse. De longs cheveux d'or noir. Une peau d'ébène. Un corps de sirène dans une carapace humaine. Au début elle a résisté. Tant bien que mal, car cet amour était incompatible avec la mission qui était la sienne. Elle a très vite compris qu'il lui était impossible de s'abandonner dans les bras d'Ambrosio. Rien ne pouvait interférer entre la nature et elle. Tel était son devoir. Ton père de son côté ne comprenait pas, car elle ne voulait pas en parler. Sa mission était silencieuse. Plus ta mère résistait, plus Ambrosio cherchait par tous les moyens à lui plaire, à la convaincre de toutes les manières. Sans y parvenir. Il a ensuite cherché à se rapprocher de Cristina. Les deux sœurs étaient sans cesse ensemble, il a pensé qu'elle pourrait l'aider à la conquérir. Cristina connaissait les pouvoirs de ta mère et pensait que les forces humaines valaient davantage que les puissances souterraines. Ta mère n'a pas supporté qu'elle la contredise. Elles se sont vite fâchées. À jamais. Ta mère était fière de sa résistance. La nature l'appelait. Elle se devait d'être à la hauteur de sa grandeur.

Je comprends enfin pourquoi les deux sœurs ne se voyaient plus, pourquoi ma mère lui avait rendu le collier offert. Mais mon père ? Pourquoi était-il donc venu ici ? Le *yachac* tarde à répondre. Craint-il de m'ébranler davantage ? La lune gît haut désormais au-dessus du temple du Soleil. Nous sommes seuls au cœur de ce site qui a donné un sens à la vie de ma mère. Les pierres alentour semblent nous cajoler. Je crois même que des murmures nous enveloppent de leurs douces mélopées dans le vent frais. La réponse espérée se niche au cœur de ce site millénaire. Dans ma poche, la lettre de mon père avec ses dernières recommandations me brûle les doigts.

— Jorge, ta mère n'était qu'une femme. Et quelle femme !

Je baisse les yeux.

— Et ton père juste un homme, un homme bien décidé à convaincre ta mère de l'aimer. Il a alors redoublé d'ardeur, continué à lui prouver à quel point il l'aimait. Elle avait tes yeux, des yeux couleur de pluie. Des yeux couleur du ciel aussi. Ses yeux avaient la particularité de percer la canopée des arbres de notre forêt nourricière. Seule sa personne reliait les cieux au centre de notre terre, trait d'union magique et unique de notre mission ici-bas. Ta mère a résisté aux avances de ton père. Longtemps. Avec ferveur. Grandeur. Jusqu'à ce qu'il l'entraîne une nuit au cœur de la vie. Neuf mois plus tard, Jorge, tu naissais. Toi, le fruit des entrailles de la terre et du ciel.

J'ai la sensation de m'enfoncer dans le sol à mesure que le *yachac* me dévoile mes origines. Une présence fantomatique nous enveloppe un peu plus encore. Est-ce l'âme de ma mère qui s'invite à nos côtés ? Celle de la nature tout entière ? Une chose est sûre : le cortège de mes ancêtres défile sans crier gare et semble vouloir me porter loin. Si mon père m'a promis de me conduire sur la trace de mes origines, je n'aurais jamais imaginé entrer si profondément en contact avec la terre de mes aïeux.

— Ta mère heureuse de ta naissance a pourtant très vite regretté d'avoir cédé. Si tu étais un petit être joyeux et replet, sa connexion avec la terre n'était plus aussi féconde. La forêt pleurait son ambassadrice. Le rio Napo ne recueillait plus les richesses sédimentaires nécessaires à son équilibre. Des inondations ont commencé à emporter les bords du fleuve. Une première mission d'exploration de la Woodsaw Company a sillonné la forêt en vue de projets funestes. Quelque chose était rompu. Ta mère a voulu en avoir le cœur net. Elle se sentait responsable. Pire : coupable. Un soir, elle nous a rejoints pour comprendre. Nous avons imploré ensemble les forces naturelles. Le cochon d'Inde n'a pas plus répondu à nos injonctions que ses rêves silencieux. Le constat était sans appel : ta mère n'était plus habitée par la force de ses ancêtres divins. Elle n'était plus qu'une mortelle, terriblement mortelle, et ta naissance avait mis fin à ses insondables pouvoirs. Cette nouvelle l'attristait au plus haut point. La nature était toute sa vie ! La forêt représentait sa raison d'être ! Elle ne concevait pas d'être privée de ce lien particulier. Elle s'est alors mis en tête qu'elle pouvait renouer avec ce passé millénaire sur la tombe de cette prêtresse de Pilaloma. Pendant onze jours et dix nuits, ta mère est restée ici, recroquevillée sur le sol sans bouger ni manger. C'est la veille de la onzième nuit que ton père est arrivé. Il a voulu immédiatement se recueillir auprès d'elle, la récupérer, la serrer dans ses bras. Ta mère était faible, mais elle le reconnut. Il était venu seul jusqu'ici. Il t'avait confié à ta tante Cristina et fait le voyage d'une traite. Malgré tout cet amour dont ton père l'entourait, ta mère avait la sensation d'être une outre vide. Le soir de la onzième nuit, ton père s'est levé en sursaut dans cette même cahute où tu m'as écouté. Ta mère n'était plus sur la couche à ses côtés. Il s'est levé d'un bond, est venu nous prévenir. Il était hors de lui. J'ai attrapé ses mains. Il tremblait de tous ses membres et s'évanouit. Je lui ai tendu une feuille de coca et l'ai conduit cahin-caha au cercle de pierres de Pilaloma. Ta mère gisait là, en plein cœur, recroquevillée. Morte.

5

À mes petits planteurs de cerisiers

PAR SOPHIE TAL MEN

Sans réfléchir, je fais le chemin inverse. À pied, à dos d'âne, en train. À vrai dire, je ne me le rappelle plus vraiment. La direction s'impose à moi, comme lorsqu'on suit une étoile. Cette expérience chamanique au sommet des Andes m'a tellement ébranlé que je ne me reconnais plus moi-même. Tout m'apparaît brouillé : ma mémoire, mes repères, ma propre identité. Une sensation oppressante qui me donne la nausée. Combien de fois dois-je m'arrêter au bord de la route pour me soulager l'estomac ? Les jambes coupées, je peine à me relever et demeure un long moment, genoux au sol, à pleurer comme un enfant. Quel poids donner aux paroles d'un vieil homme édenté, dans une cahute perdue au milieu des montagnes ? J'aurais dû me rebeller, chasser sa bestiole noire et poilue loin de moi et fuir en courant. Les dernières phrases du *yachac* me hantent et m'anéantissent :

— Jorge, le pouvoir est maintenant entre tes mains. Cette connexion avec la nature que ta mère a perdue à ta naissance... il semblerait que tu en aies hérité. Le cochon d'Inde vient de me le confirmer. Crois-moi, la couleur de tes yeux n'est pas la seule qualité que Fiorella t'ait transmise. Il y a cette force en toi, celle qui t'a poussé vers le haut, fait parcourir le monde. Si tu es devenu un homme puissant, capable de soigner le poumon de la terre, ce n'est pas un hasard...

Le corps du chaman en transe s'était mis à trembler de tout son long et ses yeux brillants, à la lueur des bougies, étaient sortis de leurs orbites pour me fixer intensément. Puis le silence. Le bruissement des feuilles de palétuvier balayées par le vent, les cris sourds et lointains de la forêt. En me quittant, le vieux sage m'avait semblé satisfait. Persuadé que ses mots m'avaient rendu plus fort, indestructible. Et pourtant, jamais je ne m'étais senti aussi vide et affaibli.

L'homme terre à terre, le scientifique que je suis, ne peut pas se laisser convaincre. Impossible ! Le surnaturel n'a pas de place dans ma vie. Et si, par moments, je me persuade que ce n'est qu'un rêve, un délire hallucinogène sous l'effet de drogues indéterminées, soigneusement mélangées aux feuilles de coca ! Mais, par moments, je doute. N'était-ce pas l'ultime volonté de mon père de me guider jusque-là ? D'écouter ce que le chaman avait à me dire ? Ambrosio a-t-il réellement fait ce voyage cauchemardesque ? Et ma tante Cristina ? Que sait-elle de cette histoire ? J'approche ma main de mon cou, paré du collier d'ivoire végétal, et je réalise que je n'ai pas envie d'en savoir plus. Ma quête s'arrête là, à la troisième étape de la lettre. À moi d'inventer la suite, de dépasser les trois petits points de la fin.

Au fil de la descente, la chaleur humide et pesante m'enveloppe de nouveau, j'ôte ma veste en laine d'alpaga et mon corps se détend. Me voilà de retour au point de départ : aux pieds des douze kapokiers, dont les racines immenses s'étendent sous la terre comme les rayons du soleil. Pourquoi ne m'étais-je pas rendu compte que les troncs dessinaient un arc de cercle sur le sol ? En prenant un peu de recul, la forme se vérifie. L'image des galets du monolithe de Pilaloma s'impose à moi et je me mets à compter. Onze femmes enterrées puis ma mère qui s'était glissée parmi elles, de nombreuses années après. Pas la peine d'être fort en mathématiques pour remarquer l'étrange coïncidence. Et si, avec mes douze kapokiers, j'avais reproduit sans le vouloir le tombeau de ma mère ? Un frisson ébranle tout mon corps et je préfère chasser rapidement cette idée de mon esprit.

En suivant la rivière, je retrouve l'endroit exact de mon ancien village et le fameux petit pont de bois. Tout a changé autour, la forêt humide a laissé place aux grandes plaines sèches et poussiéreuses. Mais l'arc qui surplombe les eaux tumultueuses, lui, est toujours là. Il n'a pas pris une ride depuis trente ans. Comme les rires des enfants, qui s'amusent à sauter, leurs cris enjoués et le bruit de leurs éclaboussures. En fermant les yeux, je retrouve le paysage d'antan. Le vert intense des arbres qui bordaient la rivière, l'ombre qu'ils projetaient, les lianes qui tombaient dans l'eau et nous servaient de cordes pour nous balancer, le tintement de la cloche de l'école, les cris des vendeurs ambulants, les perroquets dans le ciel, les singes qui nous couraient après. Tout y est. Et j'ai l'impression que c'est ça que je suis venu chercher. Tout simplement. La rencontre avec mes douze kapokiers et une baignade dans la rivière Misahuallí. Mes racines, les premières – celles qui m'ont nourri et fait pousser droit vers le ciel –, sont bien ici. Qu'importe la dimension mystique que le chaman a voulu donner à ma vie. La beauté de ce pays m'a fait aimer la nature, inconditionnellement. Et m'a donné envie de me battre pour elle, partout à travers le monde. Lorsque je prends mon élan et saute dans l'eau tout habillé, jambes recroquevillées pour faire encore plus de bruit, les petits Équatoriens suspendent leurs jeux, médusés. Une fois la tête hors de l'eau, je leur crie dans ma langue maternelle :

— Je suis Jorge, fils de Fiorella et d'Ambrosio, je suis né à Puerto Misahuallí. Et je suis content d'être ici !

Ces mots, restés enfouis à l'intérieur de moi, résument tout et me libèrent.

*

Ma famille m'attend bien au chaud dans notre appartement parisien. Un immeuble haussmannien dont la façade cossue tranche avec celles des barres en béton de Quito. Avant de franchir le porche d'entrée, je m'arrête un instant pour regarder le square. Les cerisiers aux branches nues n'ont pas bougé depuis mon départ et leur présence me rassure. Preuve qu'ici, la vie s'est écoulée tranquillement. Ces arbres – à l'instar des kapokiers de mon enfance – verront grandir les miens et prendront soin d'eux. Cet été, je récolterai avec mes fils des noyaux de cerises et on s'amusera à les planter. Douze noyaux, répartis en arc de cercle, pour reproduire le rituel.

Quand je pousse la porte, deux petites têtes crépues viennent se cacher dans les jupes de ma femme. J'avais oublié à quel point son visage souriait. Un sourire léger, lumineux et sincère. À quel point cette confiance en l'avenir et cette simplicité de vivre m'avaient manqué. Et à quel point j'en ai besoin là, à cet instant précis. Et voilà qu'elle me prend la main, comme si de rien n'était, et la pose sur son ventre rebondi.

— C'est une fille… Je viens d'avoir la confirmation.

*

Fiorella naît un soir de pleine lune. Dehors, les bourgeons des cerisiers sont en fleur.

Je repense à la phrase de mon père :

— Je n'ai plus de racines, mais je sais encore où j'ai envie de déployer mes vieilles branches. Vis ce que tu dois vivre, ne te retourne pas.

Mes racines à moi, j'ai l'impression qu'elles ont couru un peu partout sur la surface de la terre. Ma famille en est d'ailleurs le reflet : ma femme originaire d'Afrique, moi d'Amérique et nos petits planteurs de cerisiers nés quelque part en Europe. Un métissage qui me rend heureux, en phase avec moi-même.

Lorsque je me penche au-dessus du berceau, mon collier de *tagua* autour du cou, je la découvre enfin. Recroquevillée en position fœtale, au milieu des draps blancs. Des cheveux ébène, dressés sur sa tête, aussi lisses que ceux de ses frères sont crépus. Un visage souriant et innocent comme celui de sa mère. Et surtout. Surtout. Deux puits de lumière sur sa peau chocolat. Deux billes bleues qui accrochent les miennes. Bleues comme le voile céleste. Qui me font comprendre que donner la vie relève du magique. Du sacré. De l'inexplicable.

LES AILES DU CONDOR

par
Aurélie Valognes
Lena Walker
Romain Puértolas
Lorraine Fouchet

2

Le périple de Jorge

PAR AURÉLIE VALOGNES

Jorge et son père marchaient depuis des jours. Quittant Puerto Misahuallí sous la moiteur du matin et la pluie du soir, ils cheminaient vers l'ouest.

Ils avaient préféré de ne pas suivre la route principale qui filait au nord vers Quito, elle était trop dangereuse : les énormes camions chargés de bois les auraient dépassés à vive allure, prêts à les avaler comme des gueules affamées, ou à les écraser sur leur pare-brise tels de vulgaires moustiques.

Par la piste sinueuse, sur le flanc gauche du rio Napo, ils fuyaient, évitant les hommes armés, par qui, dans leur village, le malheur était toujours arrivé. À chaque pont, à chaque croisement, cette milice sauvage décidait arbitrairement de leur avenir. Dès la première intersection, on les avait sommés de faire demi-tour, à la suivante on avait fouillé leur sac, dérobant nourriture, couteaux, souvenirs. À chaque rencontre, ils s'allégeaient davantage des vestiges de leur vie passée.

Ils quittaient une vie de peur. À la ville, tout était devenu agression, avec ses bruits de moteurs, de gros camions, de klaxons. Tournant le dos à la civilisation, ils avaient pénétré dans l'enfer vert, où régnaient bêtes sauvages et incertitudes ; ils entraient dans un monde parallèle, ils se reconnectaient à leurs sensations, à leurs émotions. La faim, la chaleur, le froid, la fatigue, la douleur, la soif, mais pas la peur.

Ambrosio boitait beaucoup, sa jambe le faisait souffrir, mais jamais il ne voulait que l'on s'arrête pour lui. Alors, souvent, Jorge réclamait une pause : pour boire, pour enlever quelques sangsues, pour se rafraîchir, pour déguster une mangue juteuse ou pour relacer ses chaussures pourtant bien attachées. Toujours, il en profitait pour ramasser quelques graines, ou pour en enterrer d'autres, laissant derrière lui un chemin d'arbres en devenir. Un chemin de retour vers une vie autrefois heureuse. Un chemin d'espoir.

L'espoir coulait encore dans les veines des hommes de la région. Parfois, le long de la rivière houleuse, ils croisaient des chercheurs de pierres précieuses, en sueur, les mains abîmées par le travail. Beaucoup confondaient espoir et richesse, destruction et progrès. D'autres fois, ils levaient la tête et devinaient au loin la silhouette du condor, qui ondulait dans le ciel au-dessus d'une proie. L'oiseau sacré se faisait de plus en plus rare. Il y avait plus de gouttes d'eau dans leurs gourdes vides que de rapaces dans leurs montagnes.

En fin de journée, après plus de dix heures de marche, ils s'arrêtaient et contemplaient la lumière du soleil couchant au-dessus de la forêt amazonienne. C'était un spectacle d'une beauté rare, que la nature peu rancunière continuait de leur offrir. Dès lors, ils oubliaient le bruit lointain des tronçonneuses qui massacraient leurs souvenirs, ils devenaient sourds aux vrombissements de l'essaim de camions qui usaient le bitume fumant ou alourdissaient les ponts déjà fragiles.

Et chaque jour, après une nuit humide et froide, passée l'un à côté de l'autre dans leur tente, ils se remettaient en route et s'enfonçaient toujours plus profondément dans la jungle tropicale.

Avec leurs machettes, ils se frayaient un passage à travers la forêt primaire. Le soir tombait très vite. Ils privilégiaient une installation le long de la rivière, montant rapidement leur tente, faisant un feu sommaire pour se protéger de la curiosité et de la faim des bêtes nocturnes. La canopée et le sous-bois étaient hostiles. De temps en temps, ils croisaient des empreintes de jaguars dans la boue, des griffures énervées au bas des troncs. Quand ils se faisaient surprendre par l'obscurité, ils accrochaient leurs hamacs, leurs sacs en hauteur et passaient la nuit, le ventre creux et les sens à l'affût. Ils se relayaient : le fils dormait le premier, puis Ambrosio le réveillait quand il ne tenait plus, le plus tard possible.

Jorge et son père se dirigeaient vers la source de la rivière, au cœur de la forêt, au pied du volcan Cotopaxi au sommet enneigé. Ambrosio y avait ses racines. Y avait eu un destin tout tracé, une famille aussi. Avant Maria.

Chaque jour, ils avalaient jusqu'à dix kilomètres de pistes. C'était très peu, le rythme était pourtant continu, mais chaque liane était autant de bras qui les retenaient, chaque pas dans la mangrove boueuse les aspirait, les freinait, les alourdissait. Ils allaient à contresens de la rivière, de la forêt, du temps aussi.

Lorsque au bout de dix jours ils quittèrent l'Oriente, cette forêt amazonienne dense, pour entrer sur les terres de la Sierra, massifs montagneux en haut desquels régnait le toit enneigé du Cotopaxi, Ambrosio devint silencieux. Nerveux. Son pas se fit à la fois déterminé et fébrile. Des visions, des odeurs, des sons s'imposaient à lui, comme des souvenirs, des apparitions. Il revenait sur les traces de ses ancêtres, de sa tribu, de son père. Il reconnaissait ce qu'il ne reconnaissait pourtant plus. Tout avait imperceptiblement changé.

Jorge lançait des yeux bleus inquiets vers son père qui avançait deux mètres devant lui, le souffle court, le dos courbé, un masque de douleur sur le visage. Ambrosio voulait arriver avant la nuit. Il espérait retrouver un village, une famille, puisqu'ils avaient tout perdu. Un jour pour perdre leur toit, un an pour perdre leur liberté – devenus esclaves comme tant d'autres du commerce du bois, complices de crime contre l'humanité –, une décennie pour faire le deuil de son épouse, de l'amour de sa vie, celle qui n'avait jamais pu poser son regard azur sur son fils, enfantant dans la douleur et la tragédie.

Quand ils entrèrent dans le village des Borazis, Marisol fut la première à le reconnaître. Ambrosio tomba à ses genoux et embrassa la terre sous ses pieds. De ses bras, la vieille femme l'enveloppa, le berçant de sa voix profonde. Sous les yeux médusés de Jorge, elle entama un chant, une prière. D'autres se joignirent à eux et les guidèrent près du feu, leur offrant l'eau comme le fruit. Le garçon se sentit aussitôt plein de gratitude envers Marisol. Il n'avait pas mangé depuis des jours.

— Ne remercie pas la femme qui a préparé le repas, mais remercie la Terre Mère pour le repas qu'elle t'offre, répondit la vieille femme.

À la manière d'insectes autour d'une lumière, les habitants se rassemblèrent autour de ces étrangers. Ambrosio fut surpris : beaucoup avaient déserté, quitté le village de son enfance, attirés par le confort des villes, inquiétés par la forêt qui se faisait grignoter autour d'eux et les animaux affamés qui se rapprochaient. Loin de l'agitation, en retrait, un homme n'était pas venu à leur rencontre. Resté seul, il fumait, impassible sur un banc en bois, les cheveux grisonnants longs sur ses épaules, le regard inexpressif.

Quand les chants et les musiques cessèrent, le sage prit la parole :

— Je savais que tu reviendrais aujourd'hui, mon fils. Le huitième jour du huitième mois de leur calendrier. L'esprit de la Déesse me l'avait rappelé. Beaucoup de changements pour toi, beaucoup pour nous ici aussi depuis ton départ. Et encore tant à venir. Très bientôt, susurra-t-il en regardant le ciel. Toujours un condor qui ondule et forme un huit quand tu reviens. Ce chiffre, immanquablement associé à toi, depuis tout petit.

Ambrosio baissa les yeux, Jorge lança un regard interrogateur vers son père pour déceler une vérité, qu'on lui cachait.

Derniers héritiers des Tyropas, un groupe amérindien précolombien, les Borazis vivaient repliés dans les hautes vallées de la Sierra centrale. Ce peuple indigène maltraité, décimé par les conquistadors, réfugié dans les montagnes, victime de guérillas, de paramilitaires, de trafiquants, vivait en autarcie et en complète harmonie avec la nature depuis la nuit des temps.

Dès son plus jeune âge, le sage avait initié son fils au chamanisme, et celui-ci avait hérité du don ancestral qu'on se transmettait de génération en génération. Par l'intermédiaire du breuvage *ayahuasia*, Ambrosio rencontrait l'esprit de la Déesse aux serpents, et dans ses transes voyait l'avenir sans jamais se tromper.

— Tu es fatigué, je le sais, mais nous avons peu de temps. Viens dès ce soir dans la maison des Hommes et raconte toute l'histoire. Tu as été témoin de la destruction de leurs terres sacrées. Je sens ta colère, je sens aussi celle de notre Terre Mère. Il faut faire vite. C'est important. Il faut que tu nous dises ce que tu as vu.

Pendant six jours, Jorge était resté sur le pas de la porte à tendre l'oreille. Il n'était pas le bienvenu auprès des adultes. Pas encore. À l'intérieur, les hommes coupaient de la canne à sucre, partageaient des ignames, des oranges, des bananes. À la nuit tombée, les chamans buvaient leur breuvage, pendant que d'autres fumaient. Dans leurs volutes, Jorge avait l'impression de voir apparaître les esprits de la montagne.

— Les hommes des villes n'ont pas demandé la permission de prélever ces arbres… L'équilibre a été brisé… Ils sont devenus une contamination pour la Terre Mère… Sa colère sera grande…

Jorge ne saisissait pas tout ce qu'ils se disaient, utilisant parfois un dialecte étrange, mais les ombres des flammes et la voix grave des hommes suffisaient à lui faire comprendre que l'heure était grave.

Assis sur le flanc de la montagne, il observait les étoiles qui scintillaient dans le ciel dégagé. La nature était belle, flamboyante, riche, les animaux partout autour de lui, paisibles, loin d'être hostiles. Ici, il n'avait pas peur ; ni les hommes ni l'avenir ne l'effrayaient. Dans sa poche, il caressa les graines qu'il venait de trouver et qu'il planterait le lendemain avec celles que le chaman lui avait confiées dès son arrivée. Sans échanger un mot, l'homme aux cheveux longs avait su.

Le ciel s'obscurcit subitement. Jorge sentit une odeur âcre, très forte et qu'il ne reconnaissait pas. Peut-être au village brûlait-on une bête sauvage ? Pourtant, la fumée venait de plus loin, de plus haut même. Peu rassuré, le garçon se redressa et pressa le pas en direction de la maison des Hommes. La nuit était étrangement silencieuse, plus un animal alentour, comme si la vie s'était éteinte et avait fui les lieux.

Tout à coup, sous ses pieds tout se mit à bouger avec une force démesurée. Jorge chancela et s'agrippa de justesse à un jeune arbre sur sa route. Lorsqu'il sentit une puissante odeur d'œuf pourri, la panique le gagna. Il savait, il avait compris. Son cœur se serra. Au même instant, un bruit terrible retentit. Plus effrayant qu'un grondement sourd. Une colère. Celle de la Terre Mère contre l'avarice des hommes. Une violente explosion, comme aucun homme n'en avait connu depuis des siècles, cracha une colonne de cendres à des kilomètres au-dessus de son cratère. À quelques centaines de mètres au-dessus d'eux, Cotopaxi, le volcan le plus dangereux du monde, venait de se réveiller…

3

Le réveil du volcan

PAR LENA WALKER

Le sol ne tremblait plus, mais les jambes de Jorge, si. Il resta planté là, cloué au sol, les yeux rivés vers le volcan. Les milliers d'étoiles qui semblaient danser autour du sommet enneigé furent masquées par un gigantesque nuage opaque. Même dans la pénombre, Jorge pouvait apercevoir le monstre que venait de libérer le volcan. L'esprit de la Terre Mère. Le panache de cendres s'élevait désormais à des kilomètres au-dessus du cratère.

Le bruit de l'explosion fut suivi à nouveau par un silence inhabituel qui tira Jorge de sa torpeur. Le concert ordinaire des insectes et des oiseaux nocturnes s'était tu, même les feuilles des arbres avaient cessé leur bruissement continuel. Le temps s'était figé, comme les hommes et les animaux, spectateurs de la tragédie qui se jouait sous leurs yeux.

Jorge, conscient du danger, dévala la montagne et retourna au village où l'agitation était à son comble. Les femmes réconfortaient les enfants pris de panique tandis que les hommes cherchaient à se réunir autour du chaman. Jorge chercha Ambrosio dans la foule. Il aperçut un homme de dos qui boitait, pas de doute, c'était lui.

— Jorge, ta place n'est pas ici, retrouve Marisol, lui intima Ambrosio. Les hommes se rassemblent pour faire face à la Déesse. Elle a trop longtemps supporté ce qu'on lui a fait subir. Elle se réveille pour faire cesser ce carnage et sonner l'heure de la vengeance.

Jorge, avec une pointe au cœur, se remémora alors les sinistres images du chantier forestier, des morceaux de bois jonchant le sol de la forêt par milliers, de ces hommes, ses semblables, machettes à la main taillant les troncs d'arbres, conduisant les bulldozers, arrachant tout sur leur passage y compris son père et lui. Déracinés eux aussi, ils n'avaient pas eu d'autre choix que de prendre la route. La Terre Mère avait donné la vie aux hommes et, au lieu de la respecter, de l'honorer et vivre avec elle, ils l'avaient dépouillée.

Marisol enveloppa le garçon dans ses bras et le rassura comme elle put. La vieille femme avait déjà été témoin du réveil du volcan et était persuadée qu'il fallait être patient, prier la Déesse pour calmer sa colère. Jorge, lui, n'était pas si confiant.

Les hommes furent incapables de s'entendre. Certains préconisaient de fuir au plus vite alors que d'autres s'y refusaient tout simplement parce qu'abandonner leur village serait comme trahir la Terre Mère. Ambrosio savait qu'il ne pourrait pas aller bien loin avec sa jambe qui le faisait de plus en plus souffrir, cependant il devait mettre Jorge à l'abri du danger. Hommes et femmes du village remirent alors leur destin entre les mains du chaman. Lui seul déciderait de leur sort.

Cette nuit-là, Jorge s'endormit fiévreux. Il rêva du majestueux condor qui avait fendu le ciel à leur arrivée formant un huit, le chiffre de son père. Ce signe lui semblait représenter l'infini qu'il rattachait à l'univers et à la Terre Mère. La forêt primaire était là avant l'arrivée des hommes et serait toujours là. Pour Jorge, elle ne pouvait qu'être éternelle. Puis, comme si son esprit ne faisait plus qu'un avec le rapace, Jorge survola l'Oriente. Il reconnut la jungle, le parcours qu'il avait effectué avec son père semant les graines le long du rio Napo, les villages qu'ils avaient traversés. La Terre Mère lui souffla à l'oreille des noms, Zápara, Shiwiar, Achuar, Shuar…, qui lui étaient à la fois familiers et inconnus. L'oiseau s'éleva haut dans le ciel pour se fondre dans les nuages et la canopée lui parut si vaste, sans limites, un océan vert flamboyant qui soudain s'embrasa dans une violence inouïe. Des flammes géantes et terrifiantes avalèrent les arbres, les villageois et les animaux, puis une épaisse fumée plongea le monde dans l'obscurité.

Jorge se réveilla suffocant et en sueur, il se mit à tousser. L'air était irrespirable. Était-il encore en train de rêver ? Marisol se pencha sur lui et lui enfila un masque en tissu lui recouvrant le nez et la bouche.

— Tu as eu de la fièvre toute la nuit comme le volcan. Le chaman a parlé. Nous quitterons le village dans huit jours. Nous irons au Sud, à Latacunga, dit-elle.

Le sol se remit à trembler et Jorge perçut ces répliques sismiques comme une mise en garde : ils ne devraient pas prendre la route du Sud.

— Marisol, que signifient Zápara, Shiwiar, Achuar, Shuar ?

— Ce sont les noms des peuples indigènes de l'Oriente. Il y en a huit en tout. Pourquoi cette question ?

Jorge ne répondit pas. Il voulut retrouver son père, mais il se figea juste après avoir franchi la porte. Ses pieds étaient ensevelis sous une dizaine de centimètres de cendres tièdes. Le village tout entier était recouvert de poussières grises dont certaines particules flottaient encore dans l'air. Plus loin, Ambrosio aidait un voisin à mettre le bétail à l'abri.

Jorge s'approcha et lui parla de son rêve étrange, mais Ambrosio n'écouta pas le récit de l'enfant. Il avait trop à faire. Il ne songeait plus qu'à Latacunga où il espérait trouver des médicaments pour soulager sa jambe. Jusqu'à présent, le breuvage que lui avait concocté le chaman s'était révélé inefficace. La douleur l'assaillait du talon à la cuisse et il ne se déplaçait plus qu'avec un bâton en guise de canne.

Jorge passa toute la semaine à ramasser et enterrer des graines, marchant des heures. Il rentrait les mains grises et les ongles noirs à force de gratter le sol. Le cheptel, faute de nourriture, mourait petit à petit. Le village tout entier prit conscience de la nécessité de fuir pour survivre. Le volcan continuait de cracher des cendres sans toutefois se montrer plus menaçant.

Le jour du départ, Jorge n'emporta que son sac à dos rempli de graines et la photo de sa mère qui ne le quittait jamais. Sur le chemin les menant vers la ville et l'espoir de jours meilleurs, Jorge continuait à semer ses graines.

Arrivés à Latacunga, épuisés après plusieurs jours de marche, Ambrosio et Jorge furent effarés par les scènes de panique auxquelles ils assistèrent. Les habitants emportaient tout ce qu'ils pouvaient, certains marchaient sans savoir où aller, d'autres criaient de fuir vers les collines environnantes. Le gouvernement avait censuré les médias pour éviter des émeutes, mais la rumeur courait le long des routes : la colère tant redoutée qui sommeillait dans le volcan était en train d'exploser. Des lahars de cendre mêlée à la fonte des neiges dévalaient les pentes en un tsunami de boue meurtrier, ravageant tout sur leur passage, et s'apprêtaient à déferler sur Latacunga.

Ambrosio, éreinté et souffrant, avait entendu parler d'un guérisseur en ville. Une fois à l'adresse indiquée, il demanda à Jorge de l'attendre dehors. Le garçon était d'un calme remarquable au milieu de la cohue, comme si tous avaient été piqués par un insecte leur faisant perdre la tête. Jorge eut un mauvais pressentiment, que des coups de feu venant de l'intérieur de la maison confirmèrent aussitôt. Ambrosio était sans doute tombé dans un guet-apens. Jorge cria et voulut défoncer la porte, mais il se sentit retenu par les épaules. L'enfant se débattit violemment avant de perdre connaissance.

*

Marisol, accompagnée d'une dizaine de villageois, s'était réfugiée sur une colline d'où elle pouvait observer en contrebas les lahars dévastant

Latacunga. Elle mouilla les lèvres de Jorge en faisant glisser des gouttes d'eau d'une feuille de cacao. Lorsqu'il revint à lui, il aperçut la forêt de nuages, comme on l'appelait ici, la brume enveloppait la cime des arbres. Jorge se retourna et fut effrayé par l'intensité des coulées de boue. Marisol serra le garçon fort contre elle, alors il se mit à pleurer à chaudes larmes.

— Papá ? Papá ! répétait-il.

— Nous ne savons pas où est Ambrosio.

Jorge aurait préféré être déchiqueté par le Mapinguari, créature sauvage de la jungle, que d'entendre ces paroles. Il ne pouvait imaginer son père enseveli sous la boue ou emporté par les lahars. S'il avait pu s'échapper, pourquoi pas Ambrosio ? Il devait aller le retrouver. Marisol le retint.

— Nous ne pouvons pas retourner à Latacunga. Si ton père a réussi à s'enfuir, alors il n'a pu prendre que la route de l'Oriente. Nous devons nous éloigner de ce maudit volcan ou ce qui nous attend risque d'être pire.

Jorge refusait de suivre le groupe. Il en était tout simplement incapable. Son cœur venait de se briser en mille morceaux, il se sentait broyé de l'intérieur. Il serra son sac à dos contre lui comme pour trouver du réconfort.

Au moment où le groupe décida de quitter la colline, Jorge leva la tête et aperçut le condor des Andes. Il planait et formait toujours ce huit dans le ciel. Jorge déchiffra alors le rêve qu'il avait fait quelques jours plus tôt. Et si, pour sauver la Terre Mère de la déforestation, il devait réunir les huit peuples de l'Oriente ?

Maintenant qu'il était séparé de son père, le poids du chagrin empêchait Jorge d'avancer. Le condor, d'ordinaire silencieux, émit soudain un râle, un sifflement grave, comme pour lui donner de la force. Il tourna les yeux vers Marisol qui lui adressa un sourire réconfortant. Après tout, il n'était pas seul. Jorge se fia à son intuition. Marisol lui tendit la main. Alors ils prirent la direction de l'Oriente.

4

La Woodsaw Company

PAR ROMAIN PUÉRTOLAS

— *I don't believe it !*

John McCombe frappa du poing sur la table en métal qui frémit sous le coup et menaça de s'écrouler. Les nouvelles du matin n'étaient vraiment pas, mais alors vraiment pas, du goût du chef de chantier de la Woodsaw Company. Le messager, un jeune Noir au visage de premier de la classe, réajusta ses lunettes en avalant bruyamment sa salive. Remettre ses lunettes en place, ou plutôt faire remarquer que Jackson portait des lunettes, était un vieux réflexe qu'il conservait des cours de récréation, cela lui avait évité tant de coups. Il était de complexion si chétive qu'il lui avait fallu déployer des trésors d'inventivité pour ne pas finir en chair à pâté dans son collège du cœur de Harlem.

— Oui, monsieur, les arbres repoussent. On ne se l'explique pas. Des employés ont trouvé ce matin sur la zone E, fraîchement défrichée la semaine dernière, des pousses d'arbres de vingt centimètres de haut. Kapokiers et palmiers pour la plupart.

— *For God's sake !* s'exclama le chef de chantier.

Il fut tenté de redonner un coup de poing à la table de camping qui leur servait de table de réunion, mais, après un bref jugement, il préféra s'abstenir. Il lui envoya tout de même un regard menaçant, à titre d'avertissement.

— Regardez le bon côté des choses, monsieur, osa dire le directeur financier qui n'avait pas ouvert la bouche jusque-là. Les arbres qui repoussent sont autant d'arbres que nous pourrons couper à nouveau. Imaginez une forêt perpétuelle qui repousserait une fois rasée, comme les poils de la barbe (il illustra ses paroles en se caressant la joue et le menton, qu'il avait pour le coup glabres comme des fesses de nouveau-né), à notre bon vouloir. Ce serait une corne d'abondance, mister McCombe. De l'argent en abondance !

Le directeur financier, comme l'indiquait son titre, ne voyait tout qu'au travers du prisme économique. Déformation professionnelle, il pensait que tout le monde pensait comme lui. Il se trompait,

John McCombe était plus intéressé par l'annihilation pure et simple de la forêt amazonienne que par son portefeuille. Il avait le vert en horreur. La nature aussi. Les oiseaux, les singes, cette foutue mangrove, cette chaleur étouffante, le sel que dégageait son corps et qu'il récupérait en grattant sa chemise au niveau des aisselles pour saler ses tomates. Il aurait tout rasé pour construire des complexes touristiques de luxe, il aurait tué pour la climatisation. C'était d'ailleurs le prochain objectif de la Woodsaw Company.

— Je ne sais pas si c'est lié, ajouta timidement le chef du personnel, mais des employés ont vu un enfant rôder dans les parages ces dernières semaines.

— Un enfant ? répéta McCombe, perplexe.

— Nick l'a surpris agenouillé, les mains dans la terre.

— Encore un crétin qui croit aux esprits de la terre et à la Pachamama, ricana un gros bonhomme dont la chemise bleue était sertie de deux auréoles foncées sous les aisselles (encore du sel pour assaisonner des tomates !). Les locaux ont l'habitude de déverser un peu d'alcool dans la terre pour la rendre fertile et la remercier des denrées qu'ils vont en tirer. J'en ai même vu certains parler à la terre.

McCombe étouffa un rire moqueur.

— Quoi qu'il en soit, ramenez-moi ce gosse. J'aimerais bien lui parler.

— On ne l'a plus vu depuis quelques jours, monsieur.

— *I want this fucking kid !* hurla le chef de chantier sans cette fois pouvoir s'empêcher de frapper du poing.

La table de camping céda sous le poids et se replia aussitôt, refermant ses mâchoires de fer sur l'Américain comme une gigantesque plante carnivore.

*

Voilà deux jours que Jorge, Marisol et les dix autres villageois marchaient sans relâche (marcher, fût-ce lentement, mais ne pas s'arrêter, jamais) et Ambrosio n'avait toujours pas reparu. Le condor, dans le ciel, accompagnait leurs pas sur terre. Il semblait les guider. Son immense bec était la flèche dont ils devaient suivre la direction, dont ils ne devaient jamais se détourner sous aucun prétexte. Le cortège, telle une chenille, s'ouvrait chemin dans la jungle. Aucun ne s'était retourné pour voir les neiges de cendre enfariner les montagnes aux alentours du volcan. Chaque minute qui passait, c'était un peu plus de blanc qui dévorait le vert et l'on se demandait lequel, de l'éruption, derrière eux, ou de la déforestation, devant eux, était le plus grand danger. La fin du monde les cernait de leurs bruits sourds : le tambourinement des laves blanches qui jaillissaient, le cisaillement des tronçonneuses électriques, le bourdonnement et la toux grasse des bulldozers qui se rapprochaient d'heure en heure. Bientôt, après la Laguna Azul, ils arrivèrent enfin sur du plat, laissant les reliefs derrière leurs épaules. Marisol remercia le ciel de cela, elle n'en pouvait plus de ces chemins cahoteux qui montaient et descendaient et dont il fallait trouver la trace en coupant à la machette. Les branches les flagellaient, les trous menaçaient de les engouffrer. Marisol boitait, ne marchait presque plus. Jorge avait tenté de la porter sur son dos, mais la vieille dame était bien trop lourde pour lui. Alors, tous avaient ralenti le rythme. C'était maintenant une armée d'éclopés qui descendait de la montagne.

— *Gracias, Señor*, dit Marisol en levant les yeux au ciel.

Et elle s'arrêta.

D'abord, on n'y fit pas trop attention, car, nous l'avons dit, la vieille dame avançait à pas de fourmi. Ce fut Jorge, le premier, qui remarqua qu'elle ne suivait plus. Il s'était retourné, car il n'entendait plus le craquement des sandales de son amie derrière lui, et il l'avait trouvée, tête renversée, dans un état d'ébahissement total. Une femme changée en statue, témoin d'une apparition divine. Ou d'une disparition divine plutôt. Il ne suffit à Jorge que de l'imiter en levant à son tour les yeux pour voir que le condor ne s'y trouvait plus.

*

Main bandée, John McCombe donnait, hurlait, des ordres à ses sous-fifres :

— Là ! criait-il. Et encore là !

Et au bout de sa main se trouvait chaque fois, tel que le lui avait annoncé Jackson, une jeune pousse de kapokier ou de palmier pour le narguer. Des hommes armés de gros sécateurs coupaient alors l'arbre rebelle qui avait osé sortir de terre pour une seconde vie. McCombe était un peu l'Attila d'Amazonie. Là où le plus célèbre des Huns s'était exclamé : « Là où passe mon cheval, l'herbe ne repousse pas ! », l'Américain clamait : « Là où passe ma tronçonneuse, le kapokier ne repousse pas ! » Il était plutôt fier de sa trouvaille.

On coupait, on coupait, mais il n'y avait toujours aucune nouvelle de cet enfant, que les locaux avaient affublé de pouvoirs magiques. Il n'était plus question de Jack et de son haricot magique, mais du *chico* et de ses graines magiques. Qu'importe si les Blancs s'usaient à la tâche, la forêt repousserait, repousserait encore, repousserait toujours, elle les ensevelirait tous. Et lui le premier. McCombe, ce fou aux allures de dictateur.

— *Here !!* s'égosillait-il en lançant sa main bandée dans tous les sens.

Et on avait l'impression, fort déroutante ma foi, que là où l'on venait de couper une pousse il y avait à peine une minute, il y en avait déjà une autre qui venait de repousser dans son sillage. Et, tel un chef d'orchestre en transe, porté par sa musique de fou, tel un moulin à vent sous une tempête, McCombe battait des bras en criant des « *Here !* » et des « *God damn !* ». Il battait des bras de plus en plus frénétiquement. Pour un peu, il se serait envolé. En orbite, il n'aurait manqué à personne.

*

— Le condor a disparu, dit Marisol, sortie de sa léthargie.

— J'ai vu, répliqua Jorge. Enfin, je veux dire que j'ai vu que je ne le vois plus…

L'enfant chercha en avant vers l'est, en arrière vers l'ouest. Il chercha au nord, au sud, mais nulle part il ne trouva le condor. Le ciel était merveilleusement bleu, limpide. C'était une mer suspendue au-dessus d'eux. On aurait dit qu'elle allait se décrocher d'un moment à l'autre et les emporter avec elle.

Les autres villageois s'étaient arrêtés et scrutaient eux aussi l'horizon, la main en visière.

Soudain, l'un d'eux cria :

— Là !

Anxieux de retrouver l'oiseau légendaire, on regarda dans toutes les directions parce qu'on ne savait pas qui venait de parler.

— Là ! entendit-on encore.

Et Jorge se rendit compte que ce n'était pas l'un d'eux.

— Et encore là !

La voix venait de derrière ces arbres.

— Et encore là !

Jorge se dirigea vers la végétation qui poussait devant eux à quelques mètres du rio Napo.

— Et encore là !

On entendit comme un coup de sécateur. Puis un autre.

— Et encore là !

L'homme criait de plus en plus. Jorge entra dans la forêt.

— *Here ! God damn !*

5

Le condor sacré

PAR LORRAINE FOUCHET

Jorge, Marisol et les autres débouchèrent à l'endroit où se tenaient les hommes. Tous s'immobilisèrent. John McCombe, cramoisi, suant, les yeux hors de la tête, ficha son regard mauvais sur le petit garçon puis beugla :

— *There ! It's him !*

Jackson se rua vers l'enfant qui recula, inquiet. Marisol voulut s'interposer, McCombe l'attrapa brutalement par le bras tandis qu'un des ouvriers saisissait l'enfant qui se débattit sans parvenir à se libérer. Il le jeta comme un paquet vers l'imposant chef de chantier qui le tint à bout de bras avec un air dégoûté.

— *What the hell !* Vide tes poches ! *Quick !*

Et comme le gamin n'obtempérait pas assez vite, il le secoua en fouillant dans ses poches dont il ressortit les graines de kapokier et les semences étranges que lui avait confiées le chaman.

— Tu sais pourquoi ces fichus arbres repoussent ? *Tell me, now !*

Jorge le bravait en le fixant de ses yeux tellement bleus. La brute lui balança une claque magistrale de sa main de la taille d'une pizza.

— *I wanna know !*

L'enfant frémit, la joue brûlante, mais soutint son regard. Un bruit étrange alerta soudain tous les humains présents. McCombe baissa les yeux vers la terre qu'il sentait brusquement trembler sous ses pieds. Marisol en profita pour se libérer de son étreinte et leva la tête, transfigurée. Les hommes du chantier regardaient avec inquiétude les arbres survivants d'où sourdait une mélodie insolite.

Jorge crut voir un éclair noir tomber du ciel. Une ombre d'une grande envergure cacha un instant le soleil tandis que le sol vibrait. Cette ombre fonçait droit sur McCombe qui, instinctivement, recula en heurtant violemment le kapokier qu'un de ses hommes avait aux trois quarts tronçonné. Le corps mou et massif du chef de chantier télescopa le tronc de l'arbre moribond couvert de grosses épines coniques. L'âme du bois cria. Puis le kapokier de quarante mètres de haut s'écroula dans un fracas, et l'homme s'effondra avec lui, puis sous lui, happé par ses feuilles palmées. Tout le monde avait vu l'éclair noir, certains pensèrent qu'il s'agissait d'un oiseau, d'autres d'un félin, ou encore d'une hallucination.

Alors que le directeur financier et les hommes de la Woodsaw se précipitaient pour dégager leur chef, prisonnier des branches, Marisol saisit la main de Jorge et l'entraîna, retrouvant la force de marcher pour s'éloigner du danger. L'enfant se retourna à la dernière seconde et vit de loin le corps de son ennemi, dont le cou formait un angle bizarre avec son torse, porté par les hommes de la compagnie. Jackson se courba en deux, perdit ses lunettes, et vomit carrément de peur sur elles. Personne ne faisait plus attention à Jorge ni à Marisol.

*

La vieille femme et l'enfant marchèrent longtemps, cernés d'un côté par la lave et les cendres, de l'autre par la folie des hommes. Lorsqu'ils s'arrêtèrent enfin, Marisol dévisagea Jorge et ne put retenir une exclamation.

— Qu'est-ce qui se passe ?

— C'est ce que je craignais, dit-elle. Tu ne reverras plus jamais ton père.

— Quoi ?

L'enfant s'écarta, furieux.

— Pourquoi ? Il doit revenir, il va revenir !

— Regarde ton reflet dans mes yeux, mon enfant. La couleur de ton regard a changé. Je savais que ce jour arriverait. Ambrosio, ton père, t'a protégé tant qu'il a pu. Et Maria, ta mère, ma fille adorée, aussi. Tu avais comme elle des prunelles azur qui reliaient le ciel et la mer, l'air et l'eau. Mais désormais, tes yeux sont verts comme la forêt de nos ancêtres. Ton père a fait son choix.

— Où est-il ? s'écria l'enfant. Il a été blessé dans la maison du guérisseur ? Pourquoi ne m'a-t-il pas cherché ?

Marisol soupira. Et elle révéla enfin à Jorge le secret de sa naissance…

L'avenir d'Ambrosio, le fils unique du chaman des Borazis, était tout tracé : il prendrait la suite de son père, guiderait les siens grâce au breuvage *ayahuasia* qui lui permettrait de prédire l'avenir. Mais la Déesse aux serpents n'avait pas prévu la maladie merveilleuse et tragique dont souffrent parfois les humains. Ambrosio était tombé fou amoureux de Maria, la fille de Marisol. Son père lui avait formellement interdit de l'épouser. La Déesse aux serpents, dont il rencontrait l'esprit en transes, était très jalouse, elle ne supporterait jamais qu'il s'intéresse à une humaine. Donc l'amour d'Ambrosio et Maria entraînerait inexorablement la perte du village.

Même si Ambrosio respectait infiniment son père et aimait les siens, il était passé outre. Les deux amants s'étreignaient en secret dans la montagne. Jusqu'au jour où Maria s'était rendu compte qu'elle était enceinte. Elle s'était alors confiée à sa mère. Et Marisol avait ordonné à un homme du village de partir sur-le-champ, au milieu de la nuit, et de l'emmener très loin.

Ambrosio l'avait cherchée partout, désespéré. Son père l'avait convoqué publiquement dans la maison des Hommes et s'était montré très clair :

— C'est elle ou nous. Si tu pars la rejoindre, si votre enfant naît, vous serez tous les deux bannis à jamais du village. Ton choix sera irréversible, mon fils. Un chaman ne déroge pas à son devoir. Ne me déçois pas.

Pourtant Ambrosio n'avait pas hésité, par amour, à abandonner sa famille. Il avait traversé la moitié du pays pour retrouver Maria.

— Ton père est devenu pêcheur, soupira Marisol. Tu es né. Vous avez été heureux, tous les trois, à Puerto Misahuallí. Puis ta mère est tombée malade. Et le malheur s'est abattu sur votre foyer. Ton père aurait ensuite pu revenir chez nous, mais il craignait que tu ne sois pas le bienvenu. Et il vous aimait, ta mère disparue et toi vivant, plus que tout au monde.

— Alors pourquoi n'est-il plus avec moi ? cria l'enfant, éperdu de chagrin.

— Parce qu'il a fait un second choix, irrévocable. En transe, il savait non seulement prédire l'avenir, mais aussi se transformer en condor sacré.

— Quoi ? Ça ne pouvait pas être lui que nous suivions, puisque papa marchait avec nous !

— Le condor mâle, l'oiseau roi, se met en couple avec une seule femelle dans toute son existence, et lui reste fidèle. Nous suivions sa compagne, les huit qu'elle traçait dans le ciel au-dessus de vos têtes étaient symboles d'éternité. L'homme Ambrosio aimait ma Maria. Le condor Ambrosio était loyal à sa partenaire.

— Tu veux dire que papa m'a abandonné pour sa femme oiseau ?

Marisol le regarda avec tendresse et compassion.

— Non, Jorge. Quand il est entré chez le guérisseur, il voulait juste soigner sa jambe. Le destin a voulu que le patient précédent soit un chasseur de condors au filet. Il s'est vanté devant ton père d'avoir tué une femelle le matin même. Ambrosio a compris qu'il s'agissait de sa compagne. Fou de rage, il s'est jeté sur lui. L'homme était armé. Dans la bagarre, un coup est parti, le braconnier est mort. Il y avait des témoins. Le sort humain de ton père était scellé. Pour ne pas devenir un assassin traqué, et t'entraîner dans sa chute, il n'avait qu'une solution : retrouver définitivement sa forme d'oiseau. Et nous guider vers la sécurité et la liberté. Le condor sacré intercède entre la terre et le ciel, il transporte les âmes vers l'au-delà. Tu peux être fier de ton père.

Le petit garçon, ses yeux désormais verts pleins de larmes, réfléchit un moment, digérant ces informations. La voix brisée, il demanda à celle qui était donc sa grand-mère maternelle :

— Alors je ne le verrai plus jamais ?

— Tu l'as vu tout à l'heure, c'est lui qui est intervenu pour nous arracher aux griffes des hommes mauvais, tu n'as pas remarqué son aile blessée ? C'est pour cela qu'il avait mal à la jambe. Tu ne le verras plus sous sa forme humaine, c'est vrai, mais tu le sentiras toujours dans ton cœur.

L'enfant, qui paraissait d'habitude plus jeune que ses douze ans, se redressa, prenant de l'envergure comme un immense oiseau étend ses ailes, et darda son regard à présent couleur canopée sur Marisol.

— Alors maintenant, c'est à mon tour de le protéger, et de sauver l'Oriente, dit-il gravement. Je ne sais pas comment, mais j'en fais la promesse solennelle.

Il se tut. Les oiseaux cessèrent brusquement de chanter près d'eux, et les feuilles de bruisser. Marisol sortit d'une petite bourse de cuir accrochée à son cou un objet jaune, une petite statue d'oiseau de proie.

— Elle est très ancienne et en or pur. Ton grand-père le chaman me l'a donnée pour toi, au cas où il arriverait malheur à ton père. Ambrosio est vivant, même s'il a quitté le monde des hommes, mais il n'en a plus besoin. Elle te revient. Tu sauras en faire bon usage.

*

Vingt ans plus tard, Jorge se souvenait comme si c'était hier de cette journée si chamboulante et du cou brisé de McCombe.

Des fleuves d'eau avaient coulé sous les ponts depuis. Des milliers d'hectares de forêts brûlaient en Australie. La déforestation continuait, tragique. Des glaciers fondaient par toute la terre. Des espèces animales et végétales disparaissaient. Des catastrophes écologiques sans précédent se préparaient. Mais il avait, adulte, réalisé son rêve d'enfant.

Grâce au fruit de la vente de la statue d'or, qu'un collectionneur avait achetée à un prix effarant, il s'était installé en ville avec sa grand-mère et avait travaillé nuit et jour jusqu'à devenir un ingénieur reconnu et respecté, diplômé de biologie, spécialiste incontesté de l'Oriente. Marisol avait vécu jusqu'à un âge avancé et avait eu le bonheur de le voir se marier avec Flores, une jeune botaniste.

Leur fils, Valiente, dont le prénom signifiait vaillant, fort, courageux, n'avait ni les yeux bleus de Maria ni les yeux verts de Jorge mais des yeux brillants et vifs aussi noirs que les plumes d'un condor. Ils avaient aussi eu une fille, Maria Luna, aux yeux dorés. Marisol s'était éteinte en paix, entourée de sa famille, pareille à une bougie qui se consume doucement.

Jorge avait, à sa façon, réuni les huit peuples de l'Oriente, en rachetant petit à petit des terres forestières qui, mises ensemble, avaient l'étrange forme d'un grand huit couché. Il en avait fait un vaste parc national auquel il avait donné le nom de son père, un lieu préservé où ni les arbres ni les animaux ne craignaient plus la folie des hommes. Il le gérait, autorisait des scientifiques et des chercheurs à y travailler, et y emmenait souvent sa famille.

— Le fond de l'air ne m'effraie plus jamais, disait-il à ses enfants en leur faisant écouter *El Cóndor Pasa* sur son téléphone portable.

La chute du kapokier n'avait pas tué McCombe mais lui avait brisé les vertèbres cervicales. Il était depuis en fauteuil roulant, et sa colère avait décuplé. Lui aussi avait un fils, Jake, qui, mettant ses pas dans les roues du fauteuil roulant de son père, avait fait des pieds et des mains pour empêcher Jorge de créer la fondation propriétaire du parc national. Jake McCombe avait un rire de hyène et transpirait autant que son père, il avait des aisselles assez salées pour accommoder la viande crue dont il se goinfrait.

Jorge se battait de tout son cœur, chaque jour, pour préserver la Terre Mère. Parce qu'au cœur du parc national qui portait le nom d'Ambrosio, quand il s'y rendait avec Flores, Valiente et Maria, une ombre protectrice planait au-dessus d'eux, les ailes déployées, en dessinant des huit. Avant de s'envoler très haut et de disparaître dans l'azur.

LA COLÈRE DU RIO NAPO

par
Baptiste Beaulieu
Serena Giuliano
Sophie Astrabie
Virginie Grimaldi

2

L'esprit du rio Napo

PAR BAPTISTE BEAULIEU

L'esprit du rio Napo lui apparut la deuxième nuit de leur périple.

Ils avaient installé un bivouac de taille très modeste au bord des eaux et son père avait passé la journée à vendre ses bras aux presses. La demande des Occidentaux en huile de palme entraînait un écocide, mais nourrissait les familles pauvres. Alors on sacrifiait les forêts.

Pendant ce temps, Jorge, officiellement porté pâle auprès de la direction de l'école, s'était échiné à tresser des fibres de palmier pour en sortir un chapeau qu'ils vendraient quelques dollars à de riches étudiants américains venus jouer les bonnes âmes le temps d'un été.

Accablé par la chaleur et l'effort, il s'était allongé de bonne heure, et le soleil venait de se cacher derrière l'horizon.

À peine avait-il posé la tête, qu'il sombra dans un sommeil chargé.

Sans doute la chaleur, l'inquiétude de ne plus avoir de toit, le silence obstiné d'Ambrosio, bref, la conjugaison de tout cela. Il en résulta ce rêve aux allures de fantasmagorie : Jorge se promenait sur les berges d'un fleuve étrange, qui charriait par centaines des os d'animaux blancs comme de l'ivoire, lorsqu'une voix grave et rocailleuse le frappa sur sa gauche. Tournant vivement la tête, il vit alors se déployer, s'élevant du limon, un pied dans l'eau osseuse, un autre sur la berge, la plus étrange créature qu'il eût jamais imaginée : elle mesurait seize pieds de haut, avait les membres fins et graciles, mais sa peau au reflet mat et parcheminé en dénonçait l'extrême dureté. Ses mains se terminaient par des griffes immensément longues et acérées, tandis que ses jambes étaient pourvues de sabots d'une taille fantastique qui eussent pu balayer Jorge comme une quille.

Paradoxalement, ce qui tenait lieu de tête à cette créature ineffable et primordiale dégageait une impression de douceur et de sérénité étonnante. De longs bois de cerf lui partaient des yeux, qu'elle avait vert d'eau et profondément enfoncés dans leurs orbites.

Au bout des bois pendaient des bijoux, des bracelets et d'autres breloques brillantes.

— Je suis l'esprit du rio Napo, petit homme. La forêt m'envoie vers toi pour te proposer un marché.

— Quel marché, ô esprit du rio ? demanda Jorge, pas du tout impressionné par l'étrangeté de cette créature, comme on peut l'être à douze ans quand on rêve et que tout revêt l'apparence de la normalité.

— La forêt. Je te rendrai la forêt que les hommes ont prise, à toi et tous ceux de ta génération. La forêt que les enfants méritent. La première forêt du monde.

Les joues de Jorge se creusèrent. Le petit garçon se méfiait.

— Et que dois-je faire en échange ?

— Oh, trois fois rien.

Il aurait juré que l'esprit de la rivière avait souri.

— Tu dois m'amener ton père, et l'homme qui a décidé de raser la forêt. Oui, tu dois me les amener tous les deux, dans trois jours, à minuit, à l'endroit où le rio Napo et l'horizon se rejoignent.

— Le directeur de la Woodsaw Company ?

La créature joignit les bras et s'inclina très bas, en signe d'assentiment.

— Mais je ne le connais pas ! cria Jorge. Et mon père ne le connaît pas non plus.

— Ah ? Crois-tu ?

Jorge se frotta le menton.

— Comment le connaîtrait-il ? Mon père est pauvre. L'été nous mangeons des cailloux, l'hiver nous suçons des glaçons.

L'esprit de la rivière rit et cela produisit le son de sept rochers qui s'entrechoquent.

— T'es-tu jamais demandé pourquoi la peau de ton père est blanche comme neige quand la tienne est noire comme l'ébène et que celle de ta maman était plus noire encore ?

Non, Jorge ne s'était jamais demandé pourquoi.

— Ce sont les cendres, petit homme. Les cendres de ta mère lui sont passées dans le sang pour qu'il n'oublie jamais le crime qu'il a commis. C'est la malédiction du souvenir, petit homme.

— Quel crime ?

La créature se rejeta en arrière et cela fit le bruit du bois sec qui se tord et casse.

— Il ne t'a donc rien dit ?

— Dit quoi ? Et d'abord, comment connaîtrait-il le directeur de la Woodsaw ?

— Oh, ça, pour le connaître, il le connaît très bien. Ils étaient amis. Ils jouaient, pleuraient et riaient ensemble, enfants. Inséparables, ils étaient. Jusqu'à ce que ta mère arrive.

— Ma mère ? Mais que vient faire ma mère ici ?

— Elle était belle et douce, sa voix quand elle chantait faisait sangloter les cailloux, et quand elle marchait, les hommes la saluaient bas, et ils se retournaient pour espérer la voir encore un peu, pour espérer être celui sur qui elle se retournerait aussi. Mais jamais, jamais elle ne se retournait, ta mère. Jusqu'à ce qu'elle rencontre ton père et son meilleur ami… Ils avaient dix-sept ans alors, tous les trois, et tant d'amour à partager… mais tant de jalousie aussi !

— Mais que dis-tu ? C'est n'importe quoi ! Et de quel crime parles-tu ? Mon père a toujours eu la peau blanche.

— Tu étais trop petit pour t'en souvenir. Ton père n'a pas toujours été cet homme triste et mélancolique. Il l'est devenu.

— Oui, parce qu'il aimait ma mère et qu'elle est morte.

— Ah ! Et comment, petit homme, crois-tu que ta mère est morte ?

— Mon père aimait ma mère, hurla Jorge dans son rêve. Il était capable de prendre la voiture et de rouler toute une nuit pour la retrouver !

— Mensonge ! tonna l'esprit du rio. Ton père était jaloux et colérique. Demande-lui donc ce qu'il faisait dans cette voiture, ce qu'il découvrit en arrivant à destination… Oh oui… Demande-lui donc de te parler de Miguel Dos Santos, directeur de la Woodsaw Company. Demande-lui donc pourquoi le directeur a choisi votre vallée plutôt que toutes les autres pour établir son barrage…

— Mais… s'indigna Jorge, et il serrait les poings dans son lit, le dos parcouru de sueurs froides.

La créature des eaux ne le laissa pas continuer.

— Demande-lui donc pourquoi nous, les fleuves, les arbres, les fleurs, les oiseaux et les bêtes de la forêt, devons souffrir à cause des passions des hommes. Demande-lui donc pourquoi il ne cesse de penser encore et encore aux nuits qu'il passa neuf mois avant ta venue au monde, demande-lui donc pourquoi il ne cesse de scruter les traits de ton visage à la recherche du visage d'un autre. Demande-lui.

— Mon père ne parle pas. Il ne parle plus.

La créature s'approcha et du bout de ses griffes essuya délicatement les joues baignées de larmes de Jorge.

— Il y a une souche près de votre bivouac. Creuse entre les racines. Tu trouveras un petit coffre rempli de pièces. Rends-toi à la ville, au café. Achète la bouteille en haut à droite du bar, le liquide qu'elle contient est rouge, tu ne peux pas la rater. Fais-en boire à ton père. Il te dira toute la vérité.

— Qu'est-ce que c'est ? Un élixir de vérité ?

La créature eut de nouveau cette expression, mi-rire mi-grimace.

— Si on veut, petit, si on veut. Allez, maintenant, va. Et n'oublie pas : pour que la forêt revive, les enfants doivent m'amener leurs pères. Pour que la Terre Mère vive, tous les enfants du monde doivent faire comparaître leurs pères au tribunal de la Nature. Crois-tu être le seul enfant à rêver de moi en ce moment ?

— Je…

— Non, plus de paroles. Aux actes, maintenant. N'oublie pas : ton père et Miguel Dos Santos, dans trois jours, à minuit, à l'endroit où le rio Napo et l'horizon se rejoignent. Tout n'est pas perdu, petit. Tu peux être le héros que cette terre mérite.

3

La potion de vérité

PAR SERENA GIULIANO

Jorge se leva d'un bond.

Quel drôle de rêve ! Ses joues étaient encore pleines de larmes.

Cela semblait tellement réel.

Il secoua la tête, il refusait d'y croire.

Son père ne pouvait pas avoir été noir.

Serait-il un genre de Michael Jackson de la forêt ?

Jorge l'avait déjà entendu écouter sa musique, certes, et il savait que son père aimait vraiment beaucoup ce chanteur qui poussait des cris aigus sans véritable raison, mais cela ne pouvait pas avoir une incidence sur sa couleur de peau.

Sinon, voilà longtemps que Jorge lui-même aurait dû voir une grosse tignasse rousse lui pousser sur la tête à force d'écouter Larusso. Oui, Jorge a toujours eu une passion inexpliquée pour les chansons françaises et des goûts de chiottes.

Et puis Ambrosio ne pouvait pas connaître Miguel Dos Santos.

Encore moins avoir été son ami.

Ces deux hommes étaient en tout point opposés. C'est comme si on découvrait que Beyoncé et Sheryfa Luna (une autre chanteuse de l'Hexagone qui avait remporté une émission de télé-crochet il y a plusieurs années, et dont Jorge aimait parfois fredonner son unique succès, « Il avait les mots », même sans en comprendre les paroles) avaient grandi ensemble.

Il n'y avait qu'un seul moyen de savoir si le rio Napo avait dit vrai ou si Jorge aurait dû écouter sa prof – Mme Eva De Suza De la Vega – et mettre une casquette pour mieux se protéger du soleil, car, de toute évidence, il avait été victime d'une insolation.

Le jour avait désormais laissé place aux ténèbres, mais Jorge ne craignait plus la nuit. Il ne la craignait plus depuis la mort de sa mère, lorsqu'il avait compris qu'il n'y avait pas d'heure pour l'horreur.

Muni d'une vieille lampe torche et de toute sa détermination, il se dirigea vers la souche indiquée par Napo et commença à creuser à mains nues.

Quinze minutes plus tard, et alors qu'épuisé, il s'apprêtait à abandonner, il sentit enfin quelque chose sous ses doigts.

Il rassembla ses dernières forces pour réussir à extirper ce qui était en fait un petit coffre en velours rouge, fermé avec un cadenas doré à code.

— Voilà autre chose maintenant, commenta-t-il, un peu blasé.

Comment deviner la bonne combinaison ?

Il tenta sa chance avec le classique 0000, car après tout, Napo avait peut-être la logique d'un homme. Mais le coffre ne s'ouvrit pas.

Bon.

Jorge essaya alors sa date de naissance. 0310. Team balance.

Puisque l'esprit avait l'air de tout connaître sur lui, ça aurait pu le faire.

Mais toujours rien. La patience n'étant pas une des qualités principales de Jorge, il s'empara alors de la hache de son père pour venir à bout de ce satané cadenas. Il céda au premier coup.

— Nan mais sérieusement, il faudra m'expliquer l'intérêt, hein ? hurla-t-il à la rivière, le coffre ouvert dans les mains.

— Oui, oh, ça va, tu fais jamais des trucs qui servent à rien, toi ? crut entendre Jorge en retour.

Cependant, il dut constater que Napo n'avait pas menti, il y avait bien des pièces d'or à l'intérieur du coffret. Jorge hésita.

Il aurait pu se servir de ces pièces pour aider Ambrosio, qui avait toujours été pauvre. Ce petit butin aurait pu leur être utile pour accéder à un logement plus confortable ou pour s'acheter quelques cartes Pokémon, mais il se ressaisit tout de suite, car il était désormais convaincu de sa mission : il devait rassembler son père et le directeur de la Woodsaw Company afin de sauver la forêt.

Jorge se mit aussitôt en route vers le village, où il arriva une heure plus tard.

Le chemin était long et périlleux et il se prit une ou deux branches dans la tronche, mais il en fallait davantage pour entamer sa détermination.

Les rues étaient calmes, l'air chaud et lourd. Le bar ne fut pas difficile à trouver.

Il pénétra dans le petit établissement, il y faisait sombre, un ventilateur fatigué tournait au ralenti au-dessus des têtes des trois clients attablés devant leur verre.

— Que veux-tu, petit homme ? lui demanda la vieille dame installée derrière le large comptoir. Ce n'est pas un endroit pour toi ici.

— Bonsoir, déjà, lança Jorge, pour lui faire remarquer son impolitesse.

Ambrosio était peut-être un homme qui avait beaucoup de choses à se reprocher à en croire la rivière, mais au moins il lui avait toujours appris à être respectueux.

— Je voudrais vous acheter cette bouteille-là, s'il vous plaît, celle en haut à droite, avec le liquide rouge à l'intérieur.

— Celle-ci ?? répondit la dame, choquée. Es-tu sûr, mon enfant ? As-tu assez d'argent ?

— Non, mais j'ai de l'or – car c'était vrai, il avait de l'or.

Il posa alors les pièces sur le comptoir et ajouta :

— Je prendrais bien aussi un diabolo menthe, merci.

Une fois sa soif apaisée, il s'empara de la bouteille et reprit la route.

Sur le chemin du retour, fort intrigué par le contenu de la bouteille, il ne put résister bien longtemps à goûter le liquide mystérieux.

Il voulait absolument en découvrir les effets, et savoir si son père allait, grâce à son pouvoir, lui dévoiler toute la vérité.

— Waouh, s'exclama Jorge, ça arrache un peu.

En effet c'était assez fort et pas vraiment bon. Ça lui rappela un peu les soupes de sa mère, qui était une femme merveilleuse mais pas franchement douée en cuisine et avec la main un peu lourde sur le piment.

— Jorge, c'est toi ?

L'enfant distingua une silhouette dans la nuit.

C'était Arturo, son camarade de classe.

— Où étais-tu ? On ne t'a pas vu à l'école depuis des jours.

— Nous avons perdu notre maison, nous avons été contraints de déménager, nous nous sommes installés près de la rivière, autant te dire que j'ai d'autres chats à fouetter que le théorème de Pythagore.

— C'est terrible, mon ami, que puis-je faire pour te venir en aide ?

— Bah, je sais pas mon gars, voyons voir, peut-être me construire une nouvelle maison ou alors me filer une valise de fric pour qu'on se sorte de cette merde ?

— Pourquoi es-tu aussi véhément, Jorge, cela ne te ressemble pas !

C'est vrai, Jorge ne se reconnaissait pas lui-même. La potion faisait effet, il ne pouvait plus contrôler ses paroles, il disait tout ce qui lui passait par la tête et il était carrément devenu sarcastique.

Une part de lui avait envie de s'excuser auprès d'Arturo, mais l'autre, plus forte, continuait de lui faire dire des choses terribles :

— Et puisque je te tiens, fais quelque chose pour ton odeur, mec, les déo tu connais ? Non, parce qu'en classe c'est insupportable, déjà qu'il fait une chaleur de connard, s'il faut en plus subir ta puanteur de fennec, c'est l'enfer. Alors prends une douche et mets du Narta, par pitié.

Complètement sonné, Arturo éclata en sanglots et prit la fuite.

En arrivant chez lui, Jorge fut heureux de constater que son père n'était toujours pas rentré. Il fallait absolument que les effets de la potion se dissipent avant le retour de ce dernier, ou tout le plan de Napo tombait à l'eau. Ce qui serait cocasse vu que c'était une rivière.

Il décida alors de finir sa nuit, dans l'espoir de revoir l'esprit et d'obtenir d'autres informations (et aussi parce qu'il était crevé d'avoir creusé un gros trou et d'avoir fait toute cette route jusqu'à ce fichu bar).

La pluie dehors commençait à tomber, et, bercé par le bruit des gouttes qui dansaient sur les feuilles, il sombra très rapidement dans le sommeil.

La créature lui apparut presque immédiatement, elle avait l'air très en colère :

— T'as pas pu t'empêcher ? Fallait que tu goûtes, c'était plus fort que toi !

— Écoute, mon pote, j'ai mal au crâne, commence pas là, t'as pas du paracétamol ?

— Ceci n'est pas un jeu, pauvre fou ! gronda l'esprit du Napo. L'avenir de la forêt tout entière est entre tes mains. Tu dois aller au bout de ta mission. Lève-toi, bois trois gorgées de mon eau, elle te purifiera et tu pourras affronter ton père sans craindre de tout lui dévoiler.

— Vas-y, là il pleut, laisse-moi dormir, je suis mort, mon frère.

Mais la colère de Napo gronda encore plus fort, les éclairs frappèrent et la terre trembla sous le lit de fortune de Jorge, qui se leva d'un bond parce qu'il était courageux mais pas téméraire.

Dans la nuit noire, à genoux dans la boue au bord du fleuve sous une pluie battante, il but les trois gorgées.

— Jorge, mon fils, que fais-tu ?

Ambrosio était de retour. C'était le moment.

4

Trahir ses racines

PAR SOPHIE ASTRABIE

Jorge se releva en une fraction de seconde. Il s'essuya la bouche d'un revers de manche et, sans un mot, se mit à observer son père. Il aurait voulu déceler sur son visage les traces d'une quelconque malédiction, une preuve ou simplement un indice qui confirmerait que l'esprit du rio disait vrai… Mais il ne vit rien. Pour Jorge comme pour tout le monde, cet homme face à lui était un livre impossible à déchiffrer.

Ambrosio fixait lui aussi son fils. Il remarqua rapidement sa joue froissée et devina qu'il venait de dormir d'un sommeil lourd sur la natte qui leur servait de matelas. Il fronça les sourcils.

— Tu dormais ?

— …

— Un bus de touristes vient d'arriver au village. Tu aurais pu vendre une dizaine de chapeaux…

Comme chaque fois qu'il était mal à l'aise, Jorge se mit à réciter la table de neuf dans sa tête. Il en était à 64 – il avait beau la réciter très souvent, il ne la connaissait pas par cœur pour autant – lorsqu'un éclair fendit le ciel et vint s'abattre sur l'arbre qui se trouvait à quelques mètres d'eux. Aussitôt, une branche qui avait dû avoir un jour l'ambition de devenir un tronc se fracassa à leurs pieds. Dans un élan de panique, Jorge se tourna vers son père et lui cria :

— Ne restons pas là ! Allons prendre un verre !

Au même moment, une bourrasque de vent emporta ses paroles. Ambrosio n'entendit pas la dernière phrase prononcée par son fils, et sans doute était-ce mieux ainsi : il aurait sûrement été très troublé de découvrir l'ordre de priorité de son garçon de douze ans.

Alors que ses pieds frappaient la terre rouge et qu'une poussière dense s'enroulait autour de ses mollets, Ambrosio se félicita d'avoir un jour emprunté *Les Trois Petits Cochons* à la bibliothèque municipale de son village. « La littérature sauvera le monde », pensa-t-il en se réfugiant dans leur modeste cabane éphémère, qu'il avait tout de même pris soin de construire avec des pierres.

À peine assis à l'intérieur, Jorge brandit fièrement la bouteille au liquide rouge sous le nez de son père. Le visage d'Ambrosio se figea aussitôt.

— Où as-tu trouvé ça ?

Jorge, qui n'était pas matheux mais pas idiot non plus, perçut que la vérité ne convenait pas tout à fait à la situation.

— C'est une dame du village qui me l'a offerte pour me remercier de l'avoir aidée à porter ses courses. Son mari est décédé le mois dernier. C'était un grand danseur de pasillo, mais un homme au talent timide, paraît-il. Alors il buvait cette boisson avant chacune de ses représentations, pour se donner du courage. Mais elle, cette dame, elle ne boit que de l'eau parce que…

Jorge s'arrêta. Il savait que les détails étaient l'apanage des mensonges et il ne voulait pas que son histoire semble suspecte. Ambrosio ne dit rien. Il n'était pas dupe, non, loin de là. Il était simplement assoiffé et fatigué de se priver du moindre plaisir depuis tant d'années.

L'enfant servit son père et s'éclipsa pour aller chercher la seule photo qu'il possédait de sa mère. Depuis leur départ, il la conservait précieusement entre les pages de son carnet, celui dans lequel il notait toutes les graines de kapokier qu'il avait plantées depuis des mois.

Il s'assura que son père ait bu plusieurs gorgées puis, du bout des doigts, il fit glisser la précieuse photo jusque sous ses yeux. En faisant ce geste, Jorge remarqua pour la première fois de sa vie qu'un côté de l'image avait été déchiré. Il en fut totalement déboussolé : comment était-il possible de voir une chose tous les jours et de s'apercevoir qu'on la découvre encore ?

Ambrosio esquissa un geste vers la photo mais se ravisa. À la place, il poussa un long soupir et plongea son regard dans celui de son fils.

— Tu voudrais que je te parle de ta mère.

Ce n'était pas une question et c'était mieux ainsi, car la boule qui venait de se former au fond de la gorge de Jorge l'aurait empêché d'y répondre. Il avait toujours souffert de cette absence. L'absence d'un amour qu'il ne connaissait pas mais qu'il devinait avec tant de force. Cette promesse que la vie lui avait faite mais qu'elle n'avait finalement jamais tenue.

— Dans le village, nous n'étions pas nombreux et tout le monde se connaissait. Alors forcément, le jour où elle est arrivée…

Ambrosio marqua une pause. Son regard semblait s'être réfugié dans un souvenir qui n'appartenait qu'à lui.

— Elle avait dix-sept ans et elle voulait découvrir le monde. Sa soif d'apprendre était infinie… Pour l'étancher, elle avait dû faire le choix de quitter sa tribu, les Secoya. Une décision terrible, vécue par sa famille comme une trahison. Mais que pouvait-elle faire d'autre de toute façon ?… C'était sa vraie nature, tu comprends.

Ambrosio caressa la photo qui se trouvait devant lui.

— Mais ça, je ne l'ai pas su tout de suite… murmura-t-il dans un nouveau soupir.

Une rafale de vent fit trembler le toit de leur abri. Dehors, une sérieuse tempête semblait se préparer, mais Ambrosio, hypnotisé, poursuivait son récit.

— Je n'ai pas cherché à la séduire. Être le spectateur de sa beauté suffisait amplement à me rendre heureux. Ce n'était même pas de la résignation, tu sais. C'était… une évidence : elle n'était pas faite pour moi. Mais Maria en avait décidé autrement.

Ambrosio souriait mais c'était un sourire triste. Un sourire qui connaissait la fin de l'histoire.

— Quand j'ai compris que je lui plaisais, je me suis mis en tête de devenir une autre personne. Une meilleure version de moi-même, en quelque sorte. C'est idiot, n'est-ce pas ? L'amour ne rend pas aveugle, Jorge. Crois-moi. Il rend simplement idiot. À partir de ce moment-là, j'ai décidé de m'extraire de la pauvreté dans laquelle j'avais grandi. Il fallait que je gagne de l'argent. À n'importe quel prix.

Ambrosio baissa les yeux. Il semblait hésiter à poursuivre et Jorge ne put retenir un regard en direction de l'élixir. Il pria de toutes ses forces pour que les effets ne s'estompent pas tout de suite car enfin, après tant d'années de mystère, il allait en savoir plus sur sa mère.

— Le bois du kapokier est un bois léger, idéal pour la fabrication de cageots. Avec tous les fruits que nous avons ici en Équateur, il y avait un vrai marché. Alors j'ai commencé à couper un arbre, puis deux et puis plusieurs. J'ai proposé à un ami d'enfance de se joindre à moi, et alors nous étions deux puis nous avons été trois, et ainsi de suite. La demande était au rendez-vous, nous avons investi dans une usine, des machines, du personnel. Et puis nous avons fait autre chose que des cageots… L'argent rentrait, j'invitais ta mère au restaurant, au cinéma, je lui offrais des cadeaux… Je ne savais rien d'elle et elle n'en savait pas beaucoup plus à mon sujet. J'avais si peur que tout se brise que je préférais me contenter de l'effleurer. Mais on ne peut pas vivre indéfiniment de cette façon… Un jour la réalité nous rattrape.

Jorge était suspendu aux lèvres de son père. À chacune de ses respirations il redoutait que ce soit le point final de son histoire.

— Plus l'entreprise grandissait, plus nous devions nous enfoncer dans la forêt pour aller chercher des arbres. Les clients étaient de plus en plus exigeants et pour ne pas perdre de contrats, il fallait agir vite, prendre des décisions rapidement, trouver des solutions à tous les problèmes. Un jour…

La voix d'Ambrosio se brisa légèrement et il enfouit son visage entre ses mains.

— Un jour, nous sommes allés jusque sur les terres d'une tribu et nous avons coupé des arbres sans autorisation. Quelques arbres à peine, juste ce qu'il nous manquait dans l'urgence d'une commande. Quand le chef de la tribu s'en est aperçu, il s'est jeté sur nos machines et il a été blessé… Mortellement blessé. Avant de rendre son dernier souffle, il a plongé ses yeux dans les miens, ses yeux d'un bleu céruléen, et il m'a dit : « Si un jour tu as un enfant, il prendra les traits de ton pire ennemi, car en coupant les arbres de la forêt, ce sont tes racines que tu trahis. Ainsi, chaque jour tu devras affronter le poids de tes péchés. »

Jorge sentit une goutte de sueur perler le long de sa tempe. Il repensait à ce que l'esprit de la rivière lui avait raconté et son estomac se noua. Ambrosio, lui, ne s'arrêtait plus. Sa voix était dure, presque métallique. Cette confession opérait sur lui comme une puissante catharsis.

— Le lendemain, ta mère m'annonçait la mort de son père. Et Miguel, mon associé, mon ami, mon frère… Miguel m'informait que si je ne lui cédais pas l'intégralité de mes parts de l'entreprise, alors il irait tout raconter à Maria.

5

La vérité

PAR VIRGINIE GRIMALDI

Mon cœur battait vite, mes oreilles bourdonnaient. Mon existence était bâtie sur un mensonge. Mon père avait cessé son monologue. La tête vissée entre les mains, il sanglotait doucement. J'avais besoin d'air. Je sortis de la cabane, sans un mot pour celui que je ne connaissais plus.

Le vent charriait une chaleur moite. Le soleil enfonçait mon ombre dans la terre. Il me restait douze heures pour accomplir ma mission : amener mon père et le directeur de la Woodsaw Company, à minuit, à l'endroit où l'horizon et le rio Napo se rejoignent. Peut-être alors aurais-je la réponse à la question qui me hantait.

Mon père ne résista pas longtemps. Il comprit que je n'abandonnerais pas tant que je ne saurais pas comment ma mère était morte.

Après m'avoir révélé l'endroit où se trouvait Miguel Dos Santos, il me suivit en silence, le dos voûté, dans la touffeur de la forêt.

Nous arrivâmes à la tombée de la nuit. L'homme n'eut pas l'air surpris. Il semblait nous attendre. Mon père et lui n'échangèrent pas un regard.

Nous n'avions pas de temps à perdre. À bord du 4 × 4 du directeur de la Woodsaw Company, nous roulâmes vers l'horizon. La route était chaotique et le paysage apocalyptique. Les rares arbres qui avaient été épargnés, parce que trop menus, parce que trop secs, tendaient leurs branches vers le ciel comme pour l'implorer. Tel un petit Poucet, par la vitre ouverte, je semais à intervalles réguliers mes graines de kapokier.

Nous arrivâmes enfin.

Minuit était presque là.

Minuit sonna.

Minuit disparut.

Il ne se passa rien. L'esprit du rio Napo ne se montra pas.

Les larmes me brouillaient la vue. J'allais m'effondrer quand Miguel Dos Santos prit la parole :

— Je suis désolé, Ambrosio.

Mon père secoua la tête, le visage fermé. L'homme poursuivit :

— Rien de ce que je pourrai dire ne ramènera Maria. Mais il faut que tu saches que c'était un accident.

— C'est faux, hurla mon père. Si tu ne lui avais pas tout raconté, elle n'aurait jamais su. Elle ne serait pas venue me provoquer. Je n'aurais pas eu à la secouer. Rien de tout cela ne serait arrivé si tu avais tenu ta promesse, comme j'avais tenu la mienne.

Mes jambes se dérobèrent, je tombai sur un lit de mousse. Mon père avait tué ma mère. Mon père avait contribué à la déforestation. Mon père avait détruit notre village.

Les deux hommes pleuraient. Sur leur propre sort, indéniablement. Le directeur de la Woodsaw Company articula :

— Pour me faire pardonner, je vais cesser immédiatement l'abattage. Je ferme la société, et je retourne aux États-Unis.

— C'est la meilleure chose à faire, admit mon père.

Il me dévisagea, puis ajouta, à son intention :

— Peut-être pourrais-tu emmener Jorge avec toi. Puisque c'est ton fils.

*

— Georges, tu peux venir, s'il te plaît ?

Ma mère m'appelle, pile au moment où j'allais mettre une raclée à mon frère à *Mario Kart*. Elle est tellement reloue. En soupirant, je la rejoins dans la cuisine. Mon ordinateur portable est ouvert devant elle.

— Georges, c'est quoi ça ?

Je jette un œil sur l'écran, mais je sais déjà de quoi elle parle.

— C'est la nouvelle que je devais écrire, pour le cours d'écologie du lycée.

Elle plisse les yeux, comme chaque fois qu'elle sort un sarcasme.

— Bravo, mon chéri, c'est de mieux en mieux. Une rivière qui parle, un enfant qui boit et un triangle amoureux digne des plus grandes séries télé, tes dissertations sont de plus en plus crédibles. Mais la prochaine fois, pense à faire preuve d'un peu plus de créativité.

Je hausse les épaules. C'est moche, un vieux qui essaie d'être drôle.

Je regagne le salon en repensant à mon texte. C'est pas de ma faute, j'étais pas du tout inspiré. Faut dire que le prof nous avait imposé l'Amazonie, et moi je croyais que c'était un site de vente en ligne. Alors j'ai laissé le clavier à mon imagination, et elle a visiblement pioché dans le journal télévisé de la veille. Un reportage sur la déforestation, le nombre croissant de féminicides, un château hanté en Écosse et une interview de Sheryfa Luna.

La prochaine fois, j'essaierai de me documenter un peu. Il paraît que ça va mal, là-bas, en Amazonie. En attendant, j'ai une partie à terminer. Y a des priorités, dans la vie.

Table

LES AILES DU CONDOR

LA COLÈRE DU RIO NAPO

UNICEF,
pour
chaque
enfant
unicef

pour chaque enfant,
une Terre préservée
« Chaque enfant a un droit inhérent à la vie, et l'État a l'obligation d'assurer la survie et le développement de l'enfant compte tenu des risques de pollution du milieu naturel. »
Articles 6, 24
Convention internationale des droits de l'enfant

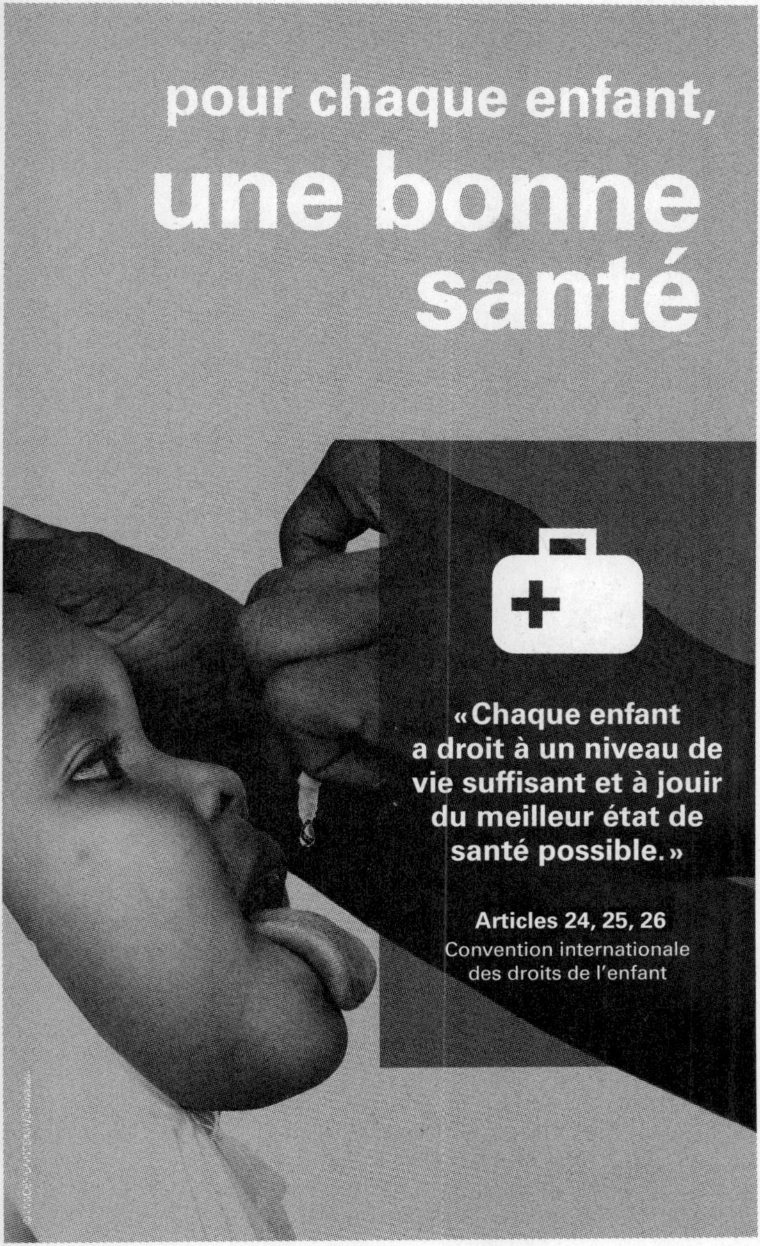
pour chaque enfant,
une bonne
santé
«Chaque enfant
a droit à un niveau de
vie suffisant et à jouir
du meilleur état de
santé possible.»
Articles 24, 25, 26
Convention internationale
des droits de l'enfant

pour chaque enfant,
de l'eau potable
« Chaque enfant a le droit d'être protégé et soigné des maladies, de boire et de manger suffisamment pour grandir en bonne santé. »
Article 24
Convention internationale des droits de l'enfant
© UNICEF/UNI189335/Gilbertson VII Photo

pour chaque enfant,
l'école
« Sur la base de l'égalité des chances, l'enseignement primaire doit être obligatoire et gratuit, l'enseignement secondaire accessible à tous, dans le respect de la dignité de l'enfant. »
Articles 28, 29
Convention internationale des droits de l'enfant

pour chaque enfant,
grandir
en sécurité
« Les enfants ont le droit de grandir dans un environnement qui leur garantisse la protection. »
Articles 19, 22, 32 à 40
Convention internationale des droits de l'enfant

PRIX UNICEF
LITTÉRATURE JEUNESSE
ÉDITION 2020
VOTE POUR TON LIVRE PRÉFÉRÉ !
myUNICEF.fr
OBJECTIF TERRE : LISONS POUR LA PLANÈTE
Prix Unicef de Littérature Jeunesse
unicef
pour chaque enfant

Vous aussi, vous avez envie d'écrire
un livre à plusieurs ?

Si vous voulez vivre cette aventure dans un cadre privé, pédagogique ou professionnel, le concept original des Arbres Inédits, plateforme d'écriture collaborative, vous aidera à réaliser votre rêve !

Le mot des auteurs :

« La plateforme des Arbres Inédits est facile d'utilisation et super pratique. J'attendais avec impatience de lire les textes de mes partenaires d'écriture. Un vrai plaisir. » *Sophie Astrabie*

« J'ai adoré suivre l'évolution et les versions de mes collègues d'écriture via "l'arbre". Et l'usage très aisé des outils proposés n'a fait qu'ajouter à cette expérience inédite. » *Gavin's Clemente-Ruiz*

Vous aussi, prenez la plume, et rejoignez-nous
sur https://inedits.fr

PAPIER À BASE DE FIBRES CERTIFIÉES

Le Livre de Poche s'engage pour l'environnement en réduisant l'empreinte carbone de ses livres. Celle de cet exemplaire est de :
150 g éq. CO_2
Rendez-vous sur www.livredepoche-durable.fr

Composition réalisée par PCA

Achevé d'imprimer en France par
CPI BRODARD & TAUPIN (72200 La Flèche)
en août 2020
N° d'impression : 3038521
Dépôt légal 1re publication : septembre 2020
LIBRAIRIE GÉNÉRALE FRANÇAISE
21, rue du Montparnasse – 75298 Paris Cedex 06

39/0593/6